Der Friedensspender

MANFRED WOLLINGER

- Handbuch -

Covergestaltung / Satz / Layout:
Clarissa van Amseln

(E.Mail: amsel@q-nst.de)

Bilder: pixabay, lizensierte: Shutterstock

Beten heißt nicht um Hilfe betteln,
sondern Heilung geschehen lassen,
in bester Absicht aus dem eigenen Herzen,
in vollkommener Eigenverantwortung.
Beten ist eine gelebte Verbindung im WIR.

Impressum

Bibliografische Information der
Deutschen Nationalbibliothek:
Die Deutsche Nationalbibliothek verzeichnet diese
Publikation in der Deutschen Nationalbibliografie;
detaillierte bibliografische Daten sind im Internet
über dnb.dnb.de abrufbar.

© 2021 Manfred Wollinger

Herstellung und Verlag:
BoD – Books on Demand, Norderstedt

ISBN: 9783751949798

Inhaltsverzeichnis

Vorwort 8

Einführung 14

Der Mensch und das Ego 28

TEXTE UND GEBETE

Ergebenheitsgebet 42

Die Kraft der Engel 44

Die Bedeutung des Segens und des Segnens 45

Orte des Heilens 46

Anbindung an den Schöpfer 48

Das Gayatri-Mantra 49

Das Vaterunser 52

Maria / das Ave Maria 60

Der Rosenkranz 62

Das Glaubensbekenntnis 65

Vergebung 66

Hooponopono 68

Das Verzeihen 70

Radikale Vergebung mit der Tipping Methode 73

Wenn ich wüßte... 76

Gebete zur Heilung 78

Augenweh / Warzen / Schmerzen an Füßen, Zähnen, Kopf 81

Die Schmerzen nehmen, sei es was es will / Wunden 82

Gegen alle Schmerzen / Gebet für frische Wunden   83

Verbrennungen / Vor dem Brand   84

Für den Wurm an allen Gliedern / Stillung von Blutungen   85

Bei Geschwulsten / Geschwüren / Beinbruch / Verstauchungen   86

Bein verrenkt / Flechte, Pilz / Fieber   87

Gürtelrose, Wildes Feuer, Flug, Brand, Schmerzen   88

Gürtelrose / Hauterkrankungen   89

Wucherungen, Durchblutungsstörungen / Bauchkrämpfe   90

Um sich vor bösen Leuten sicher zu stellen   91

Pollen - alles was in der Luft ist   91

Reinigung negativer Schwingungen / Seelengebet   92

Hängen gebliebenes Altes   92

Schaden heilen / Grimm und Kolik / Autofahren / Ungewitter   93

Wettersegen   94

Gebet zur Stärkung   95

Schutzgebet bei Ängsten und dem Gefühl von Überforderung   96

Gebet um Kraft zu schöpfen   96

Kindergebete für Gesundheit und Schutz   97

Novene des Heiligen Josef   98

Modernes Heilungsgebet zur Selbstheilung   100

Die Kraft des Segnens   106

Nachwort   121

Zum Autor   122

Literatur   124

Weitere Bücher des Autors   128

VORWORT

Nach dem Buch *Der Friedensfinder* folgt nun mit diesem Buch eine Sammlung von Gebeten und Texten, die zum Heilen gesprochen werden können. Sowohl für sich selbst als auch für andere, für Menschen, Tiere, Pflanzen, Häuser, Unternehmen; sie alle sind Wesenheiten und viele bedürfen der Heilung.

Heilung bedeutet, ein Wesen (Pflanze, Tier, Mensch) zurück in seine natürlichste Ordnung zu begleiten; denn *Therapieren* bedeutet begleiten, nicht mehr und nicht weniger; und dies in größtmöglicher Achtsamkeit, Zuwendung, in authentischem Interesse, in Wohlwollen und Weisheit.

Die Gebete und Texte verstehen sich nicht als Betteln gegenüber einer höheren Macht, sondern ein *Beschließen*, dass diese höhere Macht die Selbst-Ermächtigung zur Selbstheilung unterstützen *wird*.

Dies geschieht am Besten laut und in der Stille. Denn nur in der Stille wirken Laute laut. Damit alle zum Lauschen, zum Hinhören geöffneten Ohren den *lautstarken Beschluss* verinnerlichen, damit sich alle innerlich und äußerlich Beteiligten auf Herzensebene mit jedem Gebet bzw. Beschluss verbinden können.

Beten heißt nicht *um Hilfe* betteln, sondern Heilung geschehen lassen, in bester Absicht aus dem eigenen Herzen, in vollkommener Eigenverantwortung.

Es ist verbunden mit der Auflösung einer *Täter-Opfer-*

Retter-Symbolik, eine Aktions- und Reaktionskette, die uns alle in viele Verstrickungen und Abhängigkeiten geführt hat. Mit dieser Taktik hat der Mensch dafür gesorgt, dass er in Katastrohensituationen als Retter gebraucht wir (und Geschäfte machen kann), die er selbst eingerichtet hat. Dies gelang u. a. Aufgrund uralter Traditionen, mit denen der Mensch versucht hat, sich Untertanen zu erschaffen, damit er sie retten kann und als vermeintlicher Befreier gefeiert wird.

Beten ist verbunden mit der Zustimmung zu der Erkenntnis, dass wir selbst es sind, die wir über unsere Herzensverbindung jemand anderen im Bewusstsein von Einheit beschenken können. Mit Klarheit, Ehrlichkeit, Demut und Freude übernehmen wir für den Augenblick des Betens bewusst und aktiv die Führung, *gestalten die heilende Ausrichtung mit.*

Beten ist eine gelebte Verbindung im WIR.

Gebete haben sich weltweit bewährt und dienen in Akutsituationen dem Arzt und seinen HelferInnen, HeikpraktinerInnnen, Gesundheitsberater – in allen Berufen mit Gesundheitsbezug - im Notarzteinsatz, in jeder Praxis, beim Hausbesuch und bei jeder anderen privaten Begegnung. Möge der Leser intuitiv oder gezielt und bewusst sich ihrer bedienen, um Heilung geschehen zu lassen, wann und wo immer dies willkommen ist.

In diesem Sinne mögen und sollten wir mit unserem Schöpfer in einer kontinuierlichen Verbindung sein, die uns den Mut zu dem gibt, was wir Heilung nennen; denn es ist das Erleben bester Konsequenzen aus unserer eigenen positiven Ver-Antwort-Ung = Gestaltungskraft heraus; für uns selbst wie für andere.

Dies kann uns die Kraft schenken, in wirklicher (wirksamer, heilsamer) Demut zu leben, Gottes Willen als Maßstab zu verinnerlichen und wirksam werden zu lassen für alles, was wir fühlen, denken, entscheiden, tun und lassen.

Dazu dienen im zweiten Teil vor allem das *Gayatri Matra*, das *Vaterunser*, der *Rosenkranz* und das *Glaubensbekenntnis*. Letztes dient nicht der Institution einer Kirche oder einer instrumentalisierten Religion, sondern in dem Glauben an die eine und wahrhafte Schöpferkraft, die in uns lebendig sein will, die uns alle in unseren guten Absichten erkennt, anerkennt und auf *natürlichste Weise* unterstützt. In unserer gelebten Tradition, auch außerhalb der verfassten Kirchen und anderer Strukturen. Wir benutzen traditionelle formulierte Gebet, die sich bewährt haben, arbeiten mit ihnen und nehmen sie zur Grundlage für eigene neue Gebetstexte.

Dankbarkeit für das eigene Leben, mitsamt all seinen Unliebsamkeiten, Beschwerlichkeiten, mit seiner Tragik, auch mit seinen offenen wie versteckten Chancen ist eine wichtige Kraft, die uns durchs Leben begleiten kann und mag; die uns auch die Kraft geben kann, andere zu halten. Mit *Dankbarkeit* verbunden ist die Bereitschaft zur *Vergebung* von allem, was nicht nach Plan gelaufen ist, aus welchem Grunde oder Anlass auch immer. Vergebungsarbeit dient uns, vermeintlich oder tatsächlich Misslungenes zu korrigieren.

Unter der Voraussetzung, dass ich mich nicht über den anderen erhebe; dass ich nicht besser bin als der andere, sondern Erweisung der Demut.

All dies kann unser Bewusstheit auf teils erklärbare, teils auf mystische Weise erweitern und zu guten Erkenntnissen und Erlebnissen führen, die oft kaum beschreibbar sind; dann darf man sie auch für sich behalten und genießen. Alles zusammen diene dem Erwachen in Hingabe an die *Schöpfung*, die wir ohnehin nicht mit unserem Verstand begreifen können. Hingabe verzichtet auf den Anspruch, etwas verstehen zu wollen, das einfach zu groß für uns ist. Beispielsweise *Liebe pur*. Doch wir können uns diesem Ziel mit jedem Gebet einen Schritt nähern. In einem *Leben in Vertrauen und Hingabe an die Schöpfung*.

Möge dieses Büchlein den Leser mit viel Freude und Erfüllung auf diesem Weg begleiten und vielen Menschen helfen, Heilung zu finden.

Zum Coverbild

Das Coverbild zeigt eine Taube, die den Segen bringt für Frieden und Gesundheit. Mit weit geöffneten Flügeln will und kann sie dem Betrachter einfach, liebevoll, klar und wirkungsvoll die Friedensbotschaft bringen und ihn ermutigen, mit der Kraft der Friedenstaube sich in diese Grundhaltung zu begeben, um für sich und alles in der Welt heilsam wirksam zu werden. Damit gehe ich auf meinem Weg einmal mehr weg vor allen Dingen vom Üblichen und Mehrdeutigen, hin zum Einfachen, Ehrlichen, zum Direkten und somit in eine eindeutige Verbindlichkeit, die gerne auf Ablenkung und Schmückungen verzichtet. Somit ist die Taube im direkten Anflug an den Leser - er heiße sie willkommen und empfange sie dankbar.

Der Kolibri aus der Bücherreihe *Der Kolibri-Plan* steht für die liebende Nähe zum Menschen auf Erden, für so viele gute Dinge, die uns geschenkt sind und wahrgenommen werden wollen.

Der Kranich in *Die Reise des Kranich* steht für den Weg in den Himmel, zum Kosmos und eine glückliche Reise in die eigene Lebensvision.

Die Taube als universelles Friedenssymbol kommt „aus dem Kosmos" zu uns und darf daher auch „alleine und kraftvoll im Raum wirken", wie eben „der Geist des Friedens", ein diskussionsfreies, ehrliches, authentisches Angebot vom Himmel ... absolut glasklar und sachlich. Heißen wir die Taube willkommen und geben uns und allen anderen Wesen den Frieden, nach dem wir uns alle sehnen.

Nimm, damit Du geben kannst
Gib, damit gegeben wird

EINFÜHRUNG

HEILEN AUS DER VOLLMACHT

Beim Thema Heilung kommt früher oder später die Frage auf, wie wir das konkret angehen sollen. Sollen / können / dürfen wir heilen oder sollten wir besser um Heilung bitten?

Wenn wir uns im Folgenden auf Jesus beziehen, sehen wir ihn als Vorbild für unser Menschsein und unsere Arbeit.

Für ihn ist klar und deutlich:
An keiner einzigen Stelle bittet er Gott, den Vater, um Heilung. Jesus bat Gott nicht um Heilung, *Jesus heilte!* Er tat das ganz unterschiedlich:

Er befahl Heilung. „Sei sehend!"
Lukas 18,42: „Jesus aber stand still und hieß ihn zu sich führen. Da sie ihn aber nahe zu ihm brachten, fragte er ihn und sprach: Was willst du, dass ich dir tun soll? Er sprach: HERR, dass ich sehen möge.
Und Jesus sprach zu ihm: Sei sehend! Dein Glaube hat dir geholfen. Und also bald ward er sehend und folgte ihm nach und pries GOTT. Und alles Volk, das solches sah, lobte GOTT."

Manchmal forderte Jesus die Menschen auf, etwas zu tun. „Strecke deine Hand aus!" Und er streckte sie aus, und sie wurde wiederhergestellt, gesund wie die andere.

Matthäus 12,13: „Und siehe, da war ein Mensch, der hatte eine verdorrte Hand. Und sie fragten ihn und sprachen: Darf man am Sabbat heilen? Damit sie ihn verklagen könnten. Er aber sprach zu ihnen:
Welcher Mensch ist unter euch, der ein Schaf hat und, wenn es am Sabbat in eine Grube fällt, es nicht ergreift und herauszieht? Wieviel besser ist nun ein Mensch, denn ein Schaf! Darum darf man am Sabbat wohl Gutes tun. Dann sprach er zu dem Menschen: „Strecke deine Hand aus!" Und er streckte sie aus, und sie wurde gesund wie die andere.

Oder Jesus forderte die betreffende Person auf das zu tun, was sie vorher nicht tun konnten. „Steh auf, nimm deine Matte und geh!"

Joh. 5,8: „Einer der Männer dort war seit achtunddreißig Jahren krank. Als Jesus ihn sah, wurde ihm klar, dass er schon lange krank war, und er fragte ihn: „Willst du gesund werden?" „Herr", erwiderte der Kranke, „ich habe niemand, der mir hilft, in den Teich zu kommen, wenn das Wasser sich bewegt.
Und wenn ich es selbst versuche, kommt immer schon ein anderer vor mir hinein." „Steh auf, nimm deine Matte und geh!", sagte Jesus da zu ihm.
Im selben Augenblick war der Mann geheilt.
Er nahm seine Matte und konnte wieder gehen.

Manchmal sagte er kein Wort. Und er trat hinzu, ergriff ihre Hand und richtete sie auf; und das Fieber verließ sie.

Mk 1,30: „Simons Schwiegermutter lag mit Fieber im Bett, und gleich erzählten sie es ihm. Da ging er zu ihr hin, fasste sie bei der Hand und richtete sie auf. Im selben Augenblick verschwand das Fieber und sie konnte ihre Gäste bewirten. Am Abend, es war nach Sonnenuntergang, brachte man alle Kranken und Besessenen zu Jesus. Die ganze Stadt war vor der Haustür versammelt. Und Jesus heilte viele Menschen, die an den verschiedensten Krankheiten litten. Er trieb auch viele Dämonen aus, die er aber nicht zu Wort kommen ließ, weil sie wussten, wer er war."

Manchmal rührte er einen Brei mit Spucke.
Joh. 9,6.: „Im Vorbeigehen sah Jesus einen Mann, der von Geburt an blind war. „Rabbi", fragten ihn seine Jünger, „wie kommt es, dass er blind geboren wurde? Hat er selbst gesündigt oder seine Eltern?"
„Es ist weder seine Schuld noch die seiner Eltern", erwiderte Jesus. „Er ist blind, damit Gottes Macht an ihm sichtbar wird. Wir müssen den Auftrag von dem, der mich gesandt hat, ausführen, solange es noch Tag ist. Es kommt die Nacht, in der niemand mehr wirken kann. Doch solange ich noch in der Welt bin, bin ich das Licht der Welt." Dann spuckte er auf den Boden, machte einen Brei aus seinem Speichel und strich ihn auf die Augen des Blinden. „Geh zum Teich Schi-

loach", befahl er ihm, „und wasch dir das Gesicht!" -
Schiloach bedeutet „Gesandter". Der Mann ging hin,
wusch sich und kam sehend zurück.

Ich könnte noch viele andere Beispiele aufzählen,
aber wie auch immer, Jesus heilte, es ist klar, dass er
heilte und nicht GOTT um Heilung bat. Die einzige
Stelle, die beim Thema Gebet zu GOTT vielleicht in
den Sinn kommt, ist die Totenauferweckung von Lazarus, aber da sollten wir genau hinschauen:
Joh. 11, 41-42: Sie nahmen nun den Stein weg.
Jesus aber hob die Augen empor und sprach:
Vater, ich danke dir, dass du mich erhört hast. Ich aber
wusste, dass du mich allezeit erhörst; doch um der
Volksmenge willen, die umhersteht, habe ich es ge-
sagt, damit sie glauben, dass du mich gesandt hast.
Aber an dieser Stelle betet Jesus nur laut für die ande-
ren, damit sie glauben, dass GOTT ihn gesandt hatte.
Die eigentliche Heilung geschieht danach per Befehl:
Und als er dies gesagt hatte, rief er mit lauter Stimme:
Lazarus, komm heraus! *Joh. 11,43.*

Mag sein, dass jemand diese Passage anders inter-
pretiert, aber niemand wird wohl bezweifeln, dass
Jesus – wenn nicht ausschließlich, dann sicher doch
hauptsächlich – heilte und dass er nicht Gott Vater
um Heilung bat. Doch die Tatsache, dass Jesus heilte
und nicht um Heilung bat, hilft den meisten bei der
eingangs gestellten Frage, wie wir das mit der Heilung
konkret „anstellen" sollen, noch nicht weiter.

Auch ich habe lange Zeit gesagt: Heilen? Ich?
Ich bin doch nicht Gott, so wie Jesus es war!

Der Auftrag an die Jünger war klar und deutlich:
Matthäus 10,8: „Heilt Kranke, weckt Tote auf, reinigt
Aussätzige, treibt Dämonen aus! Umsonst habt ihr
empfangen, umsonst gebt!" Dort steht klar und deutlich „Heilt Kranke", nicht „Bittet um Heilung!" Jesus
erwartete, dass die Jünger das taten, was sie bei ihm
sahen: Nämlich Leute zu heilen.

Die Praxis hängt meines Erachtens an zwei Fragen:
Zum einen die Frage, ob es überhaupt Gottes Wille ist,
zu heilen. Zum anderen am Verständnis von Autorität
oder Vollmacht.

WILL GOTT ÜBERHAUPT HEILEN?

Jesus heilte jeden Menschen, der zu ihm kam. Zu kei-
nem sagte er: Dich will ich nicht heilen, dich kann ich
nicht heilen, weil es der souveräne Wille Gottes ist,
dass du krank bist; dich kann ich nicht heilen, wegen
deiner unbekannten Sünde, wegen deines Unglaubens
etc. Jesus heilte alle, die zu ihm kamen (z.B. *Mat 4,23;*
8,16; 9,35; Lk 4,40; Apg 10,38) selbst die mit Unglau-
ben (*Mk 9,24*) selbst auch die, die noch nicht einmal
wussten, wer er überhaupt war (*Joh 5*).

Und da Jesus der offenbarte Wille Gottes ist UND Jesus seinen Jüngern den Auftrag gab, die Kranken zu heilen, reicht mir diese Ant-wort für die Praxis.

Trotzdem habe ich nicht auf jede letzte Frage eine Ant-wort (z.B.: Wie ist das mit hohem Alter, wie ist das mit Behinderungen?), aber darum soll es hier nicht gehen. Wir hängen uns meines Erachtens einfach zu viel an Fragen auf, die Sonderfälle sind und kommen nicht in die Praxis. Und wir haben Angst vor unserer Vollmacht und trauen uns nicht, sie zu gebrauchen.

WIE VERHÄLT ES SICH MIT DEN THEMEN „AUTORITÄT UND VOLLMACHT"?

Dass Jesus die Autorität hatte, zu heilen, sehen wir zum einen in seiner Heilungspraxis, zum anderen thematisiert er es bei der Heilung des Gelähmten in *Matthäus 9,6.*: „Damit ihr aber wisst, dass der Menschensohn Vollmacht hat, auf Erden die Sünden zu vergeben - sprach er zu dem Gelähmten: Steh auf, hebe dein Bett auf und geh heim!"

Eine ausführliche Anmerkung zu dieser Stelle findet sich (*Thema „Sünde"*) auf Seite 38

Jesus hatte die Vollmacht UND gab diese an seine Jünger und an alle Menschen weiter, die sie eigentlich schon immer innehatten. Und so gilt es auch heute für alle Menschen. „Und als er seine zwölf Jünger herangerufen hatte, gab er ihnen Vollmacht über unreine Geister, sie auszutreiben und jede Krankheit und jedes Gebrechen zu heilen."

In *Apg. 3,6* sehen wir, dass Petrus sich dieser Vollmacht bewusst war und diese ausübte: „Silber und Gold besitze ich nicht; was ich aber habe, das gebe ich dir: Im Namen Jesu Christi, des Nazaräers: Geh umher!" Den Höhepunkt der Autoritätsvergabe finden wir in *Markus 16:* „Und Jesus trat herzu und sprach zu ihnen: Mir ist gegeben alle Gewalt im Himmel und auf Erden."

Und direkt gibt er die Vollmacht weiter: „Diese Zeichen aber werden denen folgen, die glauben: In meinem Namen werden sie Dämonen austreiben; sie werden in neuen Sprachen reden; werden Schlangen aufheben, und wenn sie etwas Tödliches trinken, wird es ihnen nicht schaden; Schwachen werden sie die Hände auflegen, und sie werden sich wohl befinden. Diese Zeichen werden denen folgen, die glauben". Also auch uns!

Und in *Matthäus 28,18-20* lesen wir indirekt davon, dass auch wir berufen sind, Kranke zu heilen, denn die Jünger sollten den Leuten, die sie selbst zu Jüngern machen würden, alles beibringen, was Jesus ihnen aufgetragen hatte und dazu zählte auch der Auftrag aus Matthäus/Lukas 10, die Kranken zu heilen.

„Darum gehet hin! (oder wörtlicher: Darum, gehend) *und machet zu Jüngern alle Völker: Taufet sie auf den Namen des Vaters und des Sohnes und des Heiligen Geistes und lehret sie halten alles, was ich euch befohlen habe. Und siehe, ich bin bei euch alle Tage bis an der Welt Ende."*

Wir sind uns bewusst, dass diese Aufforderung zur Taufe im Laufe der Jahrhunderte von Menschen missbraucht wurde, um ihre eigene Interessen durchzusetzen. Für uns ist es nur, wie schon oben erläutert, die Rückereinnerung an die Vollmacht, die wir als Menschen von Anbeginn an hatten und haben.

VERSCHIEDENE ARTEN DER BEAUFTRAGUNGEN

Es finden sich spezielle Beauftragungen, für Kranke zu beten: In *Jakobus 5,14-15* werden die Ältesten aufgerufen, im Glauben für die Kranken in der Kirche zu beten. Nach *Korinther 12,9* verleiht der Heilige Geist Einzelnen die Gnadengabe der Heilung.

Es gibt auch den Auftrag an alle aufgrund der universellen Beauftragung der Gemeinde, z.B. in *Markus 16,18.*

Wir finden also sowohl den Auftrag einzelner qua Amt oder Begabung wie auch den Auftrag an alle Gläubigen durch die universelle Beauftragung - GOTT nutzt viele Wege, Heilung zu bringen.

WAS SPRICHT GEGEN UNSERE VOLLMACHT?

Wir bleiben im System „der Welt", in der das „Gesetz des Todes" herrscht. Das zeigt sich daran, dass jeder Mensch früher oder später leiblich sterben wird, egal ob Christ oder Nichtchrist.

Auch ein sieben Mal Geheilter wird am Ende sterben. GOTT setzt das nicht einfach außer Kraft, indem er jeden Menschen heilt. Spätestens mit dem Tod geht dieses Denken nämlich nicht mehr auf. Er „akzeptiert" das und lässt uns in diesem System weiterleben.

Darum gibt es auch andere Mühsale im Leben, die auch nicht im ursprünglichen Plan Gottes liegen (Die Arbeit im Schweiß des Angesichts, das Gebären unter Schmerzen usw.).

GOTT kann auch schwierige Umstände, dazu zählen auch Krankheiten, zu seinen Zwecken nutzen, d.h. ich kann - wenn ich denn will - ihm näherkommen, vertrauen, auch wenn es schwierig ist usw.

Irgendwie stimmt es ja doch nicht, so zu tun, als ob wir schon heilen können, wenn wir einfach wollen und es richtig anwenden z.B. eben mit Heilungsbefehl anstatt mit Gebet.

Wenn der „Heilungsbefehl" nicht wirkt, kann dies vielfältige Ursachen haben, z. B. dass auf spirituellen „Ebenen" andere Wege vorgesehen sind, dass auf materiell-medizinischen Wegen organische Blockaden im

Wege stehen oder andere, bisher nicht bekannt Einflüsse am Werk sind.

Dann sind ggf. andere Wege oder Zwischenschritte zu beschreiten, dann kann ich mich als „Schöpfer" zurücknehmen und geistige Kräfte um Ordnung , um Regeneration oder eine Korrektur der Heilungsabsicht bitten.

In meinem Herzenstempel

Aus einer Ausbildung habe ich den folgenden Weg übernommen. Ich nutze ihn, um mir selbst meiner besten Heilungsabsichten bewusst zu werden und mich zu ihnen zu bekennen. Dies bewirkt in mir eine Zentrierung und Identifizierung mit diesen besten Absichten. Auch wenn der eigentliche Vorgang des Befehlens der Heilung klar und einfach ist, brauche ich für mich selbst einen Weg der inneren Vorbereitung; dazu dient folgende Anleitung:

„Ich atme einige Male senkrecht und öffne mein Herz und alle meine Systeme weit. Ich verbinde mich in allem, was ich bin, mit meinem Höchsten Ursprung und mit dem kristallinen Herzen von Mutter Erde.
In der Mitte meiner Brust erscheint mir ein Punkt; er wird zu einer kleinen Flamme, sie wird langsam größer und wärmt mich von innen. Nun schreite ich durch diese Herzensflamme in meinen eigenen Herzenstempel; ich genieße es in und aus ganzem Herzen, ganz in mir selbst angekommen zu sein.
Ich erbitte den *weißen Lichtstrom meines Höchsten Ursprungs*; er fließt von oben in mich und in meinen Herzenstempel; er wird intensiver und weitet sich mehr und mehr aus; er durchdringt mich vollständig, lässt alles in mir erstrahlen und strahlt weit über mich hinaus. Es ist der Lichtstrom meines eigenen *Höchsten Ursprungs*. Ich bitte ihn, mich zu reinigen und es geschieht.

Durch meine reine Absicht lenke ich nun das Licht zu allen meinen Verschlüssen, Ketten, Blockierungen, Panzern, Verträgen und Implantaten, Manipulationen, Filtern, Wundverbänden, und allen bisherigen Behinderungen und Fesseln durch Informationen, Emotionen und Krankheiten, die mein Herz noch verschließen. Ich bitte nun diesen Lichtstrom, dies alles vollkommen in reines Licht zu transformieren und zu erlösen.

Vereint mit meinem *Höchsten Ursprung* nehme ich wahr, dass es meine eigene Kraft, Macht (Ermächtigung) und bedingungslose Liebe ist, mit der ich all die vorbenannten Schwingungen in Dankbarkeit transformiere und auflöse. Ich spüre oder sehe, wie sich all diese Konstrukte durch das *Licht meines Höchsten Ursprungs* transformieren, auflösen und als funkelnde Lichtpunkte von mir entfernen.

Ich empfinde Dankbarkeit für mein nun befreites Herz und spüre meine bedingungslose Liebe, die ich aus meinem weit geöffneten Herzen kugelförmig in alle Richtungen ausstrahle. Nun bin ich mir bewusst, dass ich mich in meinem Herzenstempel befinde; ich schaue mich nun in meinem Herzenstempel um und warte ab, ob ich etwas wahrnehme und was. Ich mache es mir in ihm bequem und gestalte ihn so, dass ich glücklich bin.

Denn mein Glück beschenkt alle anderen.

Ich spüre meine bedingungslose Liebe, meine unendliche Dankbarkeit, mein Leuchten und verschenke diese Liebe in tiefer Freude. In diesem wunderbaren Grundgefühl lege ich meine linke offene Hand in meinen Herzenstempel und betrachte nun alles um mich herum ganz bewusst im Schein meines Herzensfeuers. Ich betrachte das Ziel (Erde, Pflanzen, Tiere, Menschen, Organe, Themen) intensiv und mit Hingabe und sende ihm mein wärmendes, sanftes und loderndes Herzensfeuer, all meine eigene Liebe aus meinem Herzen.

Ich bin gewiss: hier bin ich in mir zuhause und kann in tiefer Dankbarkeit alles beschließen, was mich und andere in ihrer Heilung unterstützen mag."

WAS IST MIT ALL JENEN, DIE NICHT GEHEILT WERDEN?

Ich weiß auch nicht, warum mal Heilung geschieht, mal nicht (Heilung von Beziehungen, Heilung von kranken Systemen, Heilung von Krankheit…).
Vielleicht heißt ja „in dieser Welt leben" genau das:
In Zerrissenheit, in Spannung leben zu müssen?

Es wird quasi vorausgesetzt, dass GOTT heilen will.
Was macht uns da so sicher? Wenn der Satz gilt:
„Dein Wille geschehe". Dann müsste man doch auch

mal akzeptieren, dass die körperliche Heilung in einem Fall nicht GOTTES Wille ist, dass ER konsequent auf unsere eigene, bewusste Entscheidung jeder Art respektiert und nicht eingreift.

Das wiederum hängt sehr stark mit unserem Gottesbild zusammen. *Dietrich von Bonhoeffer* - und ich schätze ihn als sehr tiefgründigen, „bibelgetränkten" Theologen ein, dessen Wort mir mehr bedeuten, als das manches Zeitgenossen - stammen die bekannten Verse *„Und reichst du uns den schweren Kelch, bitteren Kelch des Leids, gefüllt bis an den höchsten Rand, so nehmen wir ihn dankbar, ohne Zittern, aus deiner guten und geliebten Hand ..."*
Er hat offenbar erkannt, dass GOTT der souveräne Herr über jede (!) Lage ist, dabei sicher gerungen, aber schließlich akzeptiert, dass GOTT ihn nicht aus seiner schwierigen Lage geführt hat.

Was war nun der Wille GOTTES?
Die Antwort bekommen wir, wenn überhaupt, durch unsere Innere Stimme, durch Intuition, in der Meditation und eben in der Stille des Betens.

Dabei stören Erinnerungen, Erfahrungen, Emotionen und bewusste Gedankengewohnheiten oft unseren Zugang zur reinen Intuition, weshalb die kontinuierliche, regelmäßige Übung von Gebet und Meditation sinnvoll sind, um die Klarheit zu erfahren, die durch die Übung gewonnen werden kann.

DER MENSCH UND DAS EGO

nimmt Erfahrung ins Spiel der Polarität und Dualität, formuliert unbewusst Erwartungshaltungen und Ansprüche und ist dem Zwang irgendeiner Bewertung und scheint dem Prozess der Entscheidung unterworfen. Das Ego erschafft *Wenns*, *Abers*, *Vielleichts* und anderes, weil es keine Übersicht hat über den „Schöpfungsprozess aus dem Augenblick", diesseits UND jenseits von Zeit und Raum".

Die Schöpfung (GOTT) hat eine Übersicht über alle Wirkungszusammenhänge, der wir Menschen nicht gewinnen können; hat er die Welt doch selbst erschaffen.

Auf dem Weg der menschlichen Entwicklung ist das Ego eine der intelligentesten Institutionen, die der Mensch hat; nicht zuletzt; es hilft uns, direkte Weg zu einem Ziel und Umwege auszuloten und Erfahrung zu sammeln. Beten und Meditation kombinieren Verstand und Ego, Herz und Schöpfung.

In den *Verzeihens-Gebeten* gleichen wir alles aus, was irgendwann und irgendwie in Unordnung geraten ist. Vergebung bedeutet Hingabe an die Schöpfung, dies heißt, das Urvertrauen in die Schöpfung wieder selbst, bewusst und vorsätzlich, durch die reine *Herzensabsicht* einzurichten.

Das genügt der Schöpfung oft schon, denn unsere eigene bewusste *Ent-Scheidung* dazu ist bereits die gewünschte *Verbindlichkeit* im Unbewussten und somit in der universellen Vernetzung. *Ent-Scheidung* bedeutet *eindeutige Verbindlichkeit im Urvertrauen.*

DEN MENSCHEN HALTEN -
HEILUNG AUF DEN PUNKT BRINGEN

Ein Punkt hat, mathematisch definiert, keine Ausdehnung und ist energetisch, naturwissenschaftlich, quantenphysikalisch mit allem verbunden. Heilen ist verbunden mit Stillhalten, mit Lauschen, wirklichem, wirk-samen, heilenden Hinhören, Wahrnehmen, den Blick haltend. Mit dem Blick aus tiefstem Herzen.

Auch dies kann man als einen Standpunkt betrachten, der Halt gibt. Ebenso werden gerne die Hände gehalten, um Halt zu finden und zu geben. Dies zeigt auch, dass wir *die Stellung* halten, eine *aufrichtige Haltung* halten, innerlich wie äußerlich.

In der *Kinesiologie* lernen wir, Punkte zu halten, und dies in einer reinen, exakten *Absicht*. Der gehaltene Punkt hat eine Bedeutung, also eine Absicht; sie ist definiert und in jenem Augenblick spezifisch wirk-sam (also heilend wirkend), da wir uns auf ihren zugeordneten *Sinn* beziehen. In dem wir einen Punkt halten, aktivieren wir seine Bedeutung. Diese innere Verbindung von Absicht und Ziel definieren den Weg des Heilens. Einfach, umwegfrei, zielsicher.

Alleine diese präzise Absicht im Herzen ist für Heilung das Wichtigste, denn unsere innerste Absicht bringt uns dazu, diese Absicht bewusst zu denken, zu formulieren und in ihre Wirkung zu bringen. Somit werden die Schwingungen der gewählten Sprache zu einer physikalischen Verbindung zwischen dem „Heilenden" und dem „zu Heilenden". Beide sind also somit Heilende im Wir.

Wenn wir verstehen, dass GOTT heilen will und dass er uns dazu den Auftrag und die Vollmacht gegeben hat, dann dürfen, dann sollen wir heilen.

Dazu eine Illustration: Ich bin mit meinem Sohn in der Stadt. Er hat sich etwas ausgesucht, das er haben darf. Ich gebe ihm mein Portemonnaie und sage zu ihm: „Hier, gehe es selbst bezahlen." - was ist dann passiert?

Mein Sohn weiß, dass er es haben darf und er hat die Vollmacht und die Mittel von mir dazu bekommen, um sich das Gewünschte selbst zu kaufen. Wenn mein Sohn sich dann umdreht und mich fragt: „Papa, darf ich das haben und könntest du es für mich kaufen?", dann tut er was? Er fragt zum einen etwas, das ich schon beantwortet habe (Ja, darf er) und zum anderen bittet er mich, etwas zu tun, für das ich ihm schon die Vollmacht und die Mittel gegeben habe. Letztlich glaube ich, dass wir genau dasselbe tun, wenn wir um Heilung bitten und nicht heilen.

Jesu Jünger heilten (auch vor Ostern) problemlos die Kranken. Es gibt nur eine Ausnahme. Die Reaktion Jesu auf die Nichtheilung durch die Jünger zeigt auf, dass solcherlei Nichtheilung keineswegs als Gottes Wille anzusehen ist.

Matthäus 17,14-20: „Und als sie zu dem Volk kamen, trat ein Mensch zu ihm, fiel ihm zu Füßen und sprach: Herr, erbarme dich über meinen Sohn! Denn er ist mondsüchtig und hat schwer zu leiden; er fällt oft ins Feuer und oft ins Wasser; und ich habe ihn zu deinen Jüngern gebracht und sie konnten ihm nicht helfen. Jesus aber antwortete und sprach: O du ungläubiges und verkehrtes Geschlecht, wie lange soll ich bei euch sein? Wie lange soll ich euch erdulden? Bringt ihn mir her! Und Jesus bedrohte ihn; und der böse Geist fuhr aus von ihm und der Knabe wurde gesund zu derselben Stunde.

Da traten seine Jünger zu ihm, als sie allein waren, und fragten: Warum konnten *wir* ihn nicht austreiben? Er aber sprach zu ihnen: Wegen eures Kleinglaubens. Denn wahrlich, ich sage euch: Wenn ihr Glauben habt wie ein Senfkorn, so könnt ihr sagen zu diesem Berge: Heb dich dorthin! so wird er sich heben; und euch wird nichts unmöglich sein."

In der Regel geschah der Dienst der Krankenheilung folgendermaßen: Der Jüngergemeinde wurde Vollmacht von Jesus zugesprochen, sie übte diese Vollmacht aus, als Resultat erfolgten Heilungen.

Heilungen gelten bei Jesus also als Normalerfahrung, Heilungsdefizite als Ausnahme.

Unsere heutige „Normalerfahrung" gestaltet sich anders, oft auch anstrengender. Die Gründe sind vielschichtig und liegen in den unendlich vielen Ereignissen zwischen der Zeit Jusu und heute.

Auf diesem Wege fanden viele tiefe Konditionierungen statt, auch Klima, Armut und vor allem Politik, Religionsgeschichte und Kriege haben ihren Anteil an unseren Zweifeln, die unser Leben oft noch prägen.

Wir finden aber auch Belegstellen im Neuen Testament, die davon reden, dass nicht alle Glieder der Kirche immer oder sofort geheilt wurden.

In *Philipper 2,26-27* lesen wir, dass *Epaphroditus* todkrank gewesen war, was auch der Gemeinde Sorge bereitet hat.

In *Timotheus 5,23* finden wir einen Hinweis darauf, dass Timotheus *(vgl. Philipper 2,20-22)* Magenprobleme hatte. In Timotheus 4,20 berichtet Paulus, dass er Trophimus in Milet krank zurückgelassen hat.

Bei der Interpretation dieser Stellen müssen wir beachten, dass die Gewichtung deutlich bestehen bleibt: Heilung ist der Regelfall. Es gibt Einbrüche – wie diese zu deuten sind, wird z. T. offengelassen.

Der Umstand, dass Heilung nicht oder nicht sofort

eintritt, ändert nichts an der Tatsache, dass Gottes eigentlicher Wille Heilung ist.

Beispiele für Heilungen an Gläubigen finden wir z.B. in *Apostelgeschichte 9,32-43*. In der *Apostelgeschichte 9,32-35* zeigt uns Petrus, der umherzieht und bei den Heiligen in Lydda auf den Gelähmten Äneas trifft und ihn heilt. Die *Apostelgeschichte 9,36-43* erzählt, dass Petrus die Jüngerin *Tabita aus Joppe* auferweckte.

Den göttlichen Willen zu heilen, beoabachten wir an den Mechanismen, die in uns als Selbst wirksam sind.

Wenn bei einer Operatin in der Klinik aufgeschnitten wird, muss der Arzt handwerlich alles richtig machen, nach dem jeweiligen Stand seiner Kenntnisse und der Wissenschaften. Damit alles wieder „ordentlich" zusammenwachsen kann und der Mensch wieder einigermassen funktioniert, liegt vor allem an dem Prinzip der *Selbstregulation* des Lebens, oder, umgangssprachlich ausgedrückt - der Arzt kuriert, Gott heilt. Diesen Mechanismen geben wir oft zu wenig Raum; Heilung ist das große Geschenk des Himmels, und er kennt keine Zeit wie wir Menschen; doch wir wollen das Ergebnis am liebsten sofort haben.

Die *Apostelgeschichte 3* berichtet davon, dass Petrus und Johannes an der Tür des Tempels einen Lahmen heilen. Die Verwunderung und Aufmerksamkeit der Umgebung, die daraus resultieren, nutzen sie zur Verkündigung des Evangeliums.

Die *Apostelgeschichte 5,12-16* berichtet zusammenfassend davon, dass durch die Hände der Apostel große Zeichen und Wunder geschahen, dass Kranke und dämonisch Belastete in großer Zahl zu ihnen gebracht und alle geheilt wurden, dass die Umwelt sogar zu glauben begann, dass allein der Schatten des Petrus Heilung brächte. Große Scharen von Menschen kamen dabei zum Glauben.

Wundertaten geschahen auch durch Gläubige, die nicht zu den zwölf Aposteln gehörten: Die *Apostelgeschichte 6,8* weist darauf hin, dass auch *Stephanus* Wunder und große Zeichen unter dem Volk tat.

Die *Apostelgeschichte 14,8-18: Paulus* heilt einen Gelähmten in *Lystra* und predigt (nach einigen Verwicklungen), dass es nur einen wahren Gott gibt.

Die *Apostelgeschichte 28,7-10* berichtet: Paulus heilt einen Mann, der an der Ruhr erkrankt ist. Daraufhin kommen viele Kranke zu ihm und werden geheilt.

In der Kraft des Beschließens" findet sich ein Schlüssel zur Heilung, denn Jesus hat uns aufgetragen, zu heilen. Dies setzt den klaren und eindeutigen Wiisen und die Beschlussfassung voraus, zweifelsohne und ohne Zweifel an der Wirkung der eigenen Beschlusskraft. Sie ist es wohl auch, die eine Absicht in eine erwünschte Wirkung bringen kann.

DIE KRAFT DES BESCHLIESSENS

Gebete, Texte, Meditationen, Bilder, Rituale, Gefühle und manches mehr kann uns mit einer Quelle verbinden, die uns Selbstvertrauen schenkt, auch wenn wir uns selbst in aller Ganzheit nicht erfassen können. Diese Quelle versuchen wir oft in Gedankenkonzepten und angeblich realistischen Erklärungsmodellen zu finden, die doch nicht anderes sind als Konzepte eines Geistes, der ziemlich verwirrt sein kann. Dies wissen wir ja auch und somit leben wir oft in Zweifeln, was richtig, falsch, angemessen etc. sei.

Gewissheit kommt aus der Liebe des eigenen Herzens. Der folgende Text kann helfen, sich mit dieser Liebe aus dem eigenen Herzenstempel zu verbinden, um ganz gewiss in der eigenen Beschlusskraft aus der eigenen heiligen Quelle heraus zu leben, zu sein, und Heilung zu geben.

HEILEN IN HINGABE

Die Kunst des Heilens ist tief verbunden mit „Hingabe an GOTT". Dies bedeutet eben nicht, „sich aufzugeben", sondern in die Vollmacht zu gehen des eigenen Lebens, als Teil einer unermesslichen Schöpfung, die nicht nur unser Vertrauen verdient, sondern auch bekommen sollte - aus unserer Beschlusskraft, dem absoluten Vertrauen aus unserem Herzenstempel heraus, aus unserer Liebe zu GOTT. So werden wir zu dem, der handelt und selber zum Schöpfer.

Die Anthroposophie vermittelt uns wertvollstes Wissen aus der Tiefe einer *Weltenseele*, an die wir normalerweise nicht denken und von der wir eher Angst haben. Die tiefere Beschäftigung mit der *Anthroposophie* lässt viel Weisheit in den Aufzeichnungen *Rudolph Steiners* finden. In diesem Zusammenhang hier mag sein *Ergebenheitsgebet* ein Beispiel sein, in dem wir jene Kraft spüren, die wir im Heilen von uns selbst und anderen so brauchen. Das ist kein Zeichen von Hilflosigkeit, sondern von Gottvertrauen.

PFLEGENDE AUGEN, HERZEN UND HÄNDE

Alle Beiträge in diesem Buch sind *für alle* pflegenden Augen, Herzen und Hände, und im Besonderen auch für alle Pflegenden, damit sie all jenen dienen mögen, die durch unsere Augen, Herzen und Hände berührt und auf ihrem Heilungswege begleitet werden wollen; die sich mit all ihren Sorgen, Nöten und mit ihren vielen ungestillten Bedürfnissen und Sehnsüchten uns allen als Begleiter anvertrauen und berührt werden sollen - ja, sogar still und herzlich umarmt werden wollen.

Mögen unsere Augen erkennen, wer alles in unseren Lebens- & Arbeitsgemeinschaften, in unseren Familien, in unserem Freundeskreis und vor allem in unseren medizinischen Organisationen und Pflegeeinrichtungen *uns gerufen haben und finden wollen*, um in ihrer Not Heilung zu finden. Nicht immer sind sie sich ihres *stillen Rufes* bewusst und nehmen unser Angebot dennoch gerne an, weil wir es spüren, annehmen und ihrem Ruf mit unseren Augen, Herzen und Händen angemessen folgen.

Hinschauen, Hinhören und Hingabe sind die drei Türöffner, um bedingungsfreie Liebe zu schenken und nichts erwarten. Lasst uns unser eigenes Vertrauen stärken und die Menschen fühlen, dass sie bei uns im Herzen gut aufgehoben sind, auch wenn äußere Umstände dies nicht immer erkennen lassen bzw. zu erlauben scheinen.

Weil wir wissen, dass im Rahmen ungünstiger Umstände und oft auch wegen mangelnder Aufmerksamkeit und Bildung manches nicht gelingt, fühlen wir uns schuldig; so hat man uns das Jahrtausende gelehrt und nun kommen wir in eine Zeit, in der wir erkennen dürfen, dass das Prinzip Schuld und Sünde nicht von Gott stammt, sonder von Menschen gelehrt wurde.

THEMA „SÜNDE"

Das deutsche Wort „Sünde" kommt von Sund, Kluft oder von „Sich absondern". Darin zeigt sich, was mit *Sünde* eigentlich gemeint ist. Nicht die *unkeuschen Gedanken*, oder Gefühle wie *Neid* oder *Geiz*, *Zorn* oder *Stolz* und was sonst die traditionelle Kirche noch alles als Sünden auflistet, sind das Problem an sich, sondern die in ihnen liegende „Bewegung des Geistes". Die sogenannten *Sünden* führen dazu, dass wir uns *wegbewegen* von Gott, von der Liebe als verbindende Kraft und uns in unseren Gefühlen oder Gedanken isolieren.

Neid z.B. trennt uns von dem, den wir beneiden durch eine Wand an disharmonischen Empfindungen und negativen Gedanken - wir sondern uns ab.

Da wir in der Regel uns selbst unsere Sünden nicht eingestehen - wer würde schon zugeben geizig oder stolz zu sein - residieren diese Eigenschaft im Schatten unseres Unbewußten, sie sind verdrängt.

Die „Beichte" in der katholischen Kirche hat so gesehen die Funktion, dem Menschen Gelegenheit zu geben sich mit seinen verdrängten Problemfeldern auseinander zu setzen, sie sozusagen ins Licht des Bewusstseins zu heben. Wenn dann eine echte Einsicht (Innenschau) stattfand und durch eine solche auch eine tatsächliche Verhaltensänderung (Umkehr) bewirkt wird, hätte die Vergebung der Sünde durch den

Priester auch ihre Berechtigung.

Jesus hält sich jedoch nicht lange auf mit der Analyse, was denn nun der zu Heilende für verdrängte Eigenschaften (Sünden) hätte, sondern richtet die Menschen direkt wieder auf, man könnte sagen, er richtet sie wieder neu aus, nämlich in der *Vertikalen* zu Gott hin.

Die *Horizontale* symbolisiert gewissermaßen unsere Ausbreitung in der Welt und hier geschieht es auch, dass wir uns in allerhand Dinge verstricken, (Buddhisten würden von „Anhaftung" sprechen) und dass wir *sündigen*, indem wir uns in unseren negativen, trennenden Eigenschaften *verhärten*.

Wird der Mensch wieder aufgerichtet und stellt sich in den Strahl seiner „Gotteskindschaft" muss er loslassen von der Umklammerung dessen, was er für seine Persönlichkeit hält und sich öffnen.

So haben wir in der Heilung gleich zwei Bewegungen: erstens die *aufrichtende* Ausrichtung auf die Wahrheit, bzw. Erkenntnis hin zum Göttlichen und zweitens eine *lösende*, *öffnende* Bewegung, so wie sich eine Rosenblüte öffnen würde.

Diese beiden Bewegungen finden wir übrigens symbolisiert im Kreuz, wo das waagrechte des Weltlichen mit dem senkrechten des Göttlichen sich in Balance miteinander befinden.

Im Kreuzungspunkt dieser beiden liegt das Herz, die Rose. Es offenbart sich das Herz als das Wesentliche, das heilige Zentrum oder auch das Tor, das durchschritten werden muss, um zum Heil zu finden.

Das Tor des Herzens ist eines, durch das man weniger hindurchgeht, als dass man sein *Hüter* wird, der Torwächter (Bewusstsein), dessen Aufgabe es ist, alles ständig im Auge zu behalten, dass es offen ist, damit die Energie des Lebens und Gottes Liebe durch es hindurch fließen können.

Immer dann geschieht im Leben Erfahrung, oft auch Wunder, dass Symptome verschwinden und seltsame Dinge im Sinne von Heilung geschehen; immer lernen wir auf unserem persönlichen Entwicklungsweg dazu - und darum geht es letztlich.

Die zentrale Botschaft Jesu war und ist die Liebe. Wenn er in dieser Liebe, in der er mit Gott verbunden ist, Menschen heilt, so heißt das, dass er durch diese göttliche, also *bedingungslose* Liebe die Liebe im Anderen erweckt.
Liebe heilt, weil sie die der Sünde / Absonderung entgegen gesetzte Bewegung repräsentiert. Wo wir der Süße der Liebe geöffnet sind, können wir nicht gleichzeitig verschlossen und verbittert sein.

Was Jesus uns vorgemacht hat, von dem wünscht er sich, dass wir es ihm nachtun.

Herr, lass mich Deinen Ruf
durch diesen Menschen hören,
öffne mein Herz,
um ihn an meine Seite zu nehmen,
damit ich ihn in Deiner Gnade
gut begleiten kann.
Danke!

M. Wollinger

ERGEBENHEITSGEBET

Was auch kommt, was mir auch die nächste Stunde,
der nächste Tag bringen mag:

Ich kann es zunächst, wenn es mir ganz unbekannt ist,
durch keine Furcht ändern
und ich erwarte es mit vollkommener Seelenruhe,
mit vollkommener Meeresstille meines Gemüts.

Durch Angst und Furcht wird unsere Entwicklung gehemmt;
wir weisen durch Wellen der Furcht und Angst zurück,
was in unsere Seele aus der Zukunft herein will

Die Gewissheit, dass das, was da kommen wird, sein muss,
und dass es auch nach irgendeiner Richtung
seine guten Wirkungen haben wird.

Das Hervorrufen dieser Stimmung in Worten,
in Empfindungen, in Ideen,
das ist die Stimmung des Ergebenheitsgebetes.

Es gehört zu dem, was wir in dieser Zeit lernen müssen:
aus reinem Vertrauen zu leben, ohne Daseinssicherung,
aus dem Vertrauen auf die immer gegenwärtige Hilfe
der geistigen Welt.

Wahrhaftig, anders geht es nicht,
wenn der Mut nicht sinken soll.

Nehmen wir unseren Willen gehörig in Zucht
und suchen wir die Erweckung von innen,
jeden Morgen und jeden Abend.

RUDOLF STEINER

DIE KRAFT DER ENGEL

Die Geistige Welt lebt in uns in Form von Bildern, Gefühlen u.a. Schwingungen feinster spezifischer Art in unüberschaubarer Zahl und Art mahnen uns, genau zu prüfen, ob wir mit den so genannten guten Kräften des Himmels verbunden sind oder mit einer dunklen Energie in edlem Gewand.

Jede Kultur hat ihre eigenen Ordnungssysteme für Engel und Erzengel und ordnet ihnen durchaus auch unterschiedliche Bedeutungen zu. Dies gibt Gelegenheit und Anlass, immer wieder aus der Beschlusskraft der Liebe unseres eigenen Herzens heraus in Verbindung mit unserem Höheren Selbst klar und eindeutig zu beschließen, mit welcher „Engelskraft" wir uns verbinden möchten und wozu.

Dies verlangt nach eigener Übersicht über ein Dir vertrautes (Engel-) System und der immerwährenden Frage nach der *Authentizität* der gefühlten oder innerlich gesehenen „Energie". Nachfragen an den „Engel" (Bist Du wirklich der, für den Du Dich ausgibst?") kann helfen, dies herauszufinden.

Für viele Menschen kann dann die innere Beziehung zu einem oder mehreren Engeln sehr hilfreich sein. Wir wollen uns begleitet fühlen und wissen, wir wollen das Einverständnis einer höheren, einer spirituellen Macht gewinnen und dies geschieht im Gesegnetwerden und im Segnen.

DIE BEDEUTUNG DES SEGENS
UND DES SEGNENS

Der Segen ist ein wunderbares Mittel, das uns in tiefes Vertrauen lenken kann, uns selbst und denjenigen gegenüber, die uns in unser Leben gesandt haben.

ELTERN - Das sind in erstere Linie GOTT, die Schöpfung oder wie jeder diese Quelle benennen möchte; und es sind die Menschen, denen wir unser leibliches Leben zu verdanken haben und alle guten Kräfte, die aufgrund einer inneren Verbindung zu ihnen in uns schlummern; die geweckt und ins Leben gebracht werden wollen.

So findet der Leser etwas später ein Gebet, in dem wir den Segen unserer Ahnen erbitten und ihn auch an unsere Mitmenschen bzw. Nachkommen weitergeben mögen. (Seite 108)

Der Segen öffnet ein Tor zu jener Quelle, die jeden von uns ausmacht und die Quelle des Seins derer, die die stoffliche Welt schon verlassen haben.

ORTE DES HEILENS

Fast jeder Ort ist zum Heilen geeignet, wenn die Konzentration auf das Hier & Jetzt gelingt sowie die Anbindung an alle wohlwollenden Kräfte des Himmels. Entspannung und Bequemlichkeit erleichtern die Konzentration, Stille erlaubt Vertrauensbildung, sich einlassen können. Geweihte Orte und geweihtes Wasser erleichtern den Weg in die Stille, in der die göttliche Grundordnung leichter erfahrbar ist.

Oft sind es alte, dem Heilen geweihte Orte, an denen die Anbindung an das Göttliche am leichtesten gelingt; das Alte, Ehrwürdige, zieht uns Menschen an, intensiver in die Verbindung mit der Schöpfung zu gelangen; die können klassische Kult- und Heilstätten sein, Heilsteine, Burgen, Kapellen, Pilgerpfade, Wiesen und Lichtungen, die den Heilen in alter Zeit dem Heilen dienten. Diesem An-sinnen kann man sich anschließen und Orte finden, in denen man sich in der natürliche, göttlichen Ordnung am Wohlsten fühlt.

Traditionell finden wir in vielen Häusern und auch in Gasthöfen einen „Herrgottswinkel" und viele kleine Kirchen und Kapellen, die die Landschaft und die Wege nicht nur zieren, sondern dem Wanderer Gelegenheit geben, sich mit dem Schöpfer in Dankbarkeit und Stille zu verbinden. Eigentlich ist jede Pflanze, jeder Baum, jeder Wasserfall, jeder lebendige und auch stille Ort eine gute Gelegenheit zur inneren Einkehr.

ANBINDUNG
AN DEN SCHÖPFER

Glücklich sind die, die dankbar sind.
Gunst und Gnade erfahre ich,
wenn ich dankbar bin.

Die Kraft der Liebe ist stärker als alle Gewalt,
stärker als jede Drohung

Ich nehme Dich an, wie Du bist.
Betrachte Dich mit meinen Augen.

Die Anbindung „nach oben" geschieht in Meditationen, in Gebeten und Mantren, in vielerlei unterschiedlichen Formen in allen Kulturen.

DAS GAYATRI MANTRA

Dieses Mantra gehört zu den kraftvollsten, die Heilung auf allen Ebenen bewirken können. Wie alle Mantren, sollte es so oft wie möglich hintereinander gebetet werden, um eine optimale Wirkung für alle und alles zu erreichen. In der indischen Kultur und in allen Kulturen, die sie geprägt haben, sind vor allem Mantren verbreitet, heilige Gesänge, zumeist aus sehr alter Zeit überliefert. In ihnen liegt eine besondere Kraft, die über die Stimme zu einer tiefen Verbindung unter den Matrasingenden führt bzw. unsere natürliche Verbundenheit spüren lässt. Das folgende Mantra gehört zu den kraft- und wirkungsvollsten, die es gibt.

Om

bhur, bhuvar, swah

tat savitur varenyam

bhargo devasya dhimahi

dhiyo yo nah prachodayat

Übersetzung und Interpretation:

„Mögen unsere drei essentiellen Körper (physischer, emotionaler und mentaler) verbunden sein mit den entsprechenden Ebenen des Universums.

Möge die Energie der Sonne in uns die Energie des Absoluten erwecken (deren Widerschein sie ist). Durch Meditation laden wir diese göttliche Kraft ein, uns vollkommen zu erleuchten.

Möge die äußere Welt, die Welt meiner Sinne, gereinigt werden. Möge die feinstoffliche Welt, die Welt meiner Seele, gereinigt werden.

Gepriesen seiest du herrlicher Geist, der Du im Inneren erstrahlst und alle Welten mit deinem Glanz erfüllst. Lass mich über Dein Göttliches Licht meditieren und mein begrenztes Bewusstsein ausdehnen, bis es eins wird mit Dir, Du große Sonne von unendlicher Herrlichkeit."

DAS VATERUNSER

Das *Vaterunser* ist ein jüdisches Gebet aus dem 1. Jahrhundert. Zu diesen Ursrpüngen gibt es, wie immer, viele spätere Versionen und Parallelen in den verschiedenen Kulturen. So ist das „Reich Gottes" nicht etwas, auf dass es still zu warten gilt, die Erschaffung des „Himmels auf Erden" bedarf der kontinuierlichen Mitwirkung eines jeden Menschen. Wir sind nicht nur Partner des ersehnten Gottesreiches, wir sind die Erfüller, die Gestalter.

Das *Vaterunser* ist in mehreren Versionen überliefert. Jesus sagte: Wenn ihr betet, so sprecht: Vater, dein Name werde geheiligt. Dein Reich komme. Gib uns täglich das Brot, das wir brauchen. Und erlass uns unsere Sünden; denn auch wir erlassen jedem, was er uns schuldig ist. Und führe uns nicht in Versuchung."

Jesus hat in aramäischer Sprache und Denkweise gefühlt, gedacht und gesprochen. Die Bilder und Begriffe jener Zeit hatten für ihn eine andere Bedeutung als später in den Übersetzungen ins Lateinische und Griechische. In der Nachfolge von Jesus wurden alle Texte verändert, auch Übersetzungsfeher sind entstanden, sowohl durch Übertragungen aus dem Aramäischen ins Lateinische und Griechische wie auch spätere Rückübersetzungen. Viele Interessengruppen aus Religion und Politik haben ihre Spuren hinterlassen.

Ursprünglich stand das *Vaterunser* außerhalb der Bergpredigt, im Laufe der Zeit verstand man es als Teil dieser großen Grundsatzpredigt.

Bei Matthäus ist die Anrede Gottes feierlich ausgestaltet: Nicht nur „Vater" (wie bei Lukas), sondern „Unser Vater in den Himmeln".
Auch die beiden Bittenreihen werden ergänzt:
Die erste Reihe durch den Hinweis „Dein Wille geschehe", die zweite Reihe durch die Bitte „sondern erlöse uns von dem Übel".
Bei Matthäus finden wir auch erstmals die Vergebung als sehr wichtigen Anteil am *Vaterunser*.
Um selbst Vergebung empfangen zu können, braucht es eine tiefe innere Bereitschaft, alles zu vergeben, was uns eine innere Stimme, die Stimme des wahren Gewissens, als unstimmig mit Gott sagt.

Aramäisch

Es gibt wohl zwei unterschiedliche Versionen / Übersetzungen, aus dem Aramäischen (der Sprache, in der Jesus lehrte) ins Lateinische und Griechische und wieder zurück in die später vergessene Sprache des Ur-Aramäischen. Neil Douglas hat wertvolle wissenschaftliche Arbeit geleistet und auch das *Vaterunser* rückübersetzt.

1. VERSION

Oh Du, atmendes Leben in allem,
Ursprung des schimmernden Klanges.

Du scheinst in uns und um uns,
selbst die Dunkelheit leuchtet,
wenn wir uns erinnern.

Hilf uns, einen heiligen Atemzug zu atmen,
bei dem wir nur Dich fühlen -
und Dein Klang in uns erklinge und reinige uns.

Lass deinen Rat unser Leben regieren
und unsere Absicht klären
für die gemeinsame Schöpfung.

Möge der brennende Wunsch Deines Herzens
Himmel und Erde vereinen durch unsere Harmonie.

Gewähre uns täglich,
was wir an Brot und Einsicht brauchen:
das Notwendige für den Ruf des wachsenden Lebens.

Löse die Stränge der Fehler (Irrtümer),
die uns binden,
wie wir loslassen,
was uns bindet an die Schuld anderer.

Lass oberflächliche Dinge uns nicht irreführen,
sondern befreie uns von dem, was uns zurückhält.

Aus Dir kommt der allwirksame Wille,
die lebendige Kraft zu handeln,
das Lied, das alles verschönert
und sich von Zeitalter zu Zeitalter erneuert.

Wahrhaftige Lebenskraft diesen Aussagen!
Mögen sie der Boden sein,
aus dem alle meine Handlungen erwachsen.

Besiegelt im Vertrauen und Glauben.

Amen.

2. VERSION

Vater-Mutter alles Geschaffenen!
Dein Name tönt heilig durch Zeiten und Raum.
Dein göttliches Eins-Sein schafft in Liebe und Licht -
ewig und jetzt.
Lass Deinen Willen durch meinen geschehen,
wie im Geiste, so in allem Geformten.
Gib uns Nahrung täglich, wie dem Körper, so der Seele.
Löse die Bande meiner Fehler, so wie ich sie anderen löse.
Lass mich nicht verloren gehen an Obeflächliches
und Materielles.
Befreie mich von Unreife und von allem,
was mich festhält und mich nicht loslassen lässt.
Denn Dein ist alles Walten und der Gesang des Universums
jetzt und hier in Ewigkeit

Amen.

G. Lamsa (Evangelien aus aramäischer Sicht),
deutche Bearbeitung: J.E. Berendt).

JÜDISCH

Vater,
dein Name werde geheiligt.
Dein Reich komme.
Gib uns täglich das Brot, das wir brauchen.
Und erlass uns unsere Sünden;
denn auch wir erlassen jedem, was er uns schuldig ist.
Und führe uns nicht in Versuchung.
Verherrlicht und geheiligt werde Gottes großer Name in der Welt,
die Gott nach eigenem Ratschluss schuf.
Gottes Reich erstehe in eurem Leben
und zu euren Zeiten und im Leben ganz Israels schnell und bald.
Darauf sprecht: Amen.

Gottes großer Name sei gepriesen,
immerzu und bis in Ewigkeit!
Gottes Name sei gepriesen und gelobt,
Gottes Name sei verherrlicht und erhoben.
Gottes Name sei verehrt und gerühmt,
Gottes Name sei gefeiert und besungen.
Gepriesen sei er über allem Lob und jedem Lied,
hoch über allem Preis und jedem Trost der Welt.
Darauf sprecht: Amen.

Frieden in Fülle komme vom Himmel, Leben für uns und ganz Israel.
Gott schafft Frieden in der Höhe. Möge Gott uns und ganz Israel
Frieden geben. Darauf sprecht: Amen.

RÖMISCH-KATHOLISCH

Vater unser, geheiligt sei Dein Name,
Dein Wille geschehe, wie im Himmel,
so auf Erden.
Unser tägliches Brot gib uns heute,
Und vergib uns unsere Schuld.
Wie auch wir vergeben unseren Schuldigern,
Und führe uns nicht in Versuchung,
Sondern erlöse uns von dem Bösen.
Denn Dein ist das Reich und die Herrlichkeit
In Ewigkeit.

Amen.

AUS DEM JETZT

Vater unser, heilig ist Dein Name,

Dein Wille geschieht, wie oben, so unten.

Unser tägliches Brot gibst Du uns heute,

Du vergibst uns unsere Schuld

wie auch wir vergeben unseren Schuldigern.

Führe uns durch die Versuchung,

und erlöse uns von dem Irrtum.

Denn Dein ist das Reich und die Herrlichkeit

In Ewigkeit.

Amen.

Clarissa van Amseln hat obige Variante geformt, die die Aussagen des Gebetes als Istzustand und als bereits erfüllt formuliert. Damit werden diese als angenommene Gegenwart erlebbar, verbindlich im Sinne von *verbindend* und unserem Sein unmittelbarer zugänglich. Auch wird hier nicht darum gebeten *von Versuchung verschont zu bleiben*, sondern, näher an der Lebenswirklichkeit der meisten Menschen, *durch diese hindurch geführt zu werden*.

MARIA

Im Christentum spielt Maria als Mutter Gottes eine wichtige Rolle. Rein wissenschaftlich gibt es viele widersprüchliche Legenden und Aussagen, Glaubensrichtungen und Interpretationen zur Person Mariens. Unbestritten sind die Heilkräfte, die durch die Hinwendung an Maria in Gebeten, vor allem im Rosenkranz, enstehen.

AVE MARIA

„Gegrüßet seist du, Maria,

voll der Gnade, der Herr ist mit dir.

Du bist gebenedeit unter den Frauen,

und gebenedeit ist die Frucht deines Leibes, Jesus.

Heilige Maria, Mutter Gottes,

bitte für uns Sünder jetzt

und in der Stunde unseres Todes.

Amen"

DER ROSENKRANZ

Der Rosenkranz gehört zu den traditionellen Gebeten im Christentum. Es erscheint uns heute in der Moderne etwas veraltet und nicht jeder kann und muss sich mit dieser Tradition identifizieren. Dennoch ist die Kraft dieses Gebets immer wieder überraschend, weshalb es auch hier mit angeführt wird.

„Meine Seele preist die Größe des Herrn, und mein Geist jubelt über Gott, meinen Retter. Denn auf die Niedrigkeit seiner Magd hat er geschaut. Siehe, von nun an preisen mich selig alle Geschlechter.
Denn der Mächtige hat Großes an mir getan, und sein Name ist heilig. Er erbarmt sich von Geschlecht zu Geschlecht über alle, die ihn fürchten. Er vollbringt mit seinem Arm machtvolle Taten: Er zerstreut, die im Herzen voll Hochmut sind; er stürzt die Mächtigen vom Thron und erhöht die Niedrigen.
Die Hungernden beschenkt er mit seinen Gaben und lässt die Reichen leer ausgehn. Er nimmt sich seines Knechtes Israel an und denkt an sein Erbarmen, das er unsern Vätern verheißen hat, Abraham und seinen Nachkommen auf ewig.“

Der Oktober ist der Rosenkranzmonat. Am 7. Oktober gibt es gar das Fest „Unsere Liebe Frau vom Rosenkranz". Das Perlengebet gibt Kraft für den Alltag, Trost

in Krankheit, Trauer und Leid.
Es geht bis zu den Anfängen des Christentums zurück.

Der Rosenkranz besteht aus einem Kreuz und 59 Perlen. 55 davon - 50 kleinere und fünf größere - bilden eine zusammenhängende Kette. Eine der größeren Perlen dient als Verbindungsglied zu einer weiteren Kette mit drei kleineren Perlen, einer größeren und einem Kreuz. Das Kreuz erinnert an Jesu Liebe zu uns und an seinen Kreuzestod.

So wird der Rosenkranz gebetet

Wir machen das Kreuzzeichen und sagen dazu:
„Im Namen des Vaters und des Sohnes und des Heiligen Geistes". Es folgt das Glaubensbekenntnis.

Die Gesätze des Rosenkranzes

Je zehn Perlen bilden ein Gesätz. In einem Gesätz sprechen wir jedes Mal beim „*Gegrüßet seist du, Maria*" nach dem Wort „*Jesus*" dieselben Worte. Es sind die „Geheimnisse" des *freudenreichen*, des *lichtreichen*, des *schmerzhaften* oder des *glorreichen* Rosenkranzes (siehe unten); außerdem gibt es individuelle Formulierungen. Gebetet wird immer nur ein Rosenkranz. Auch bei Fronleichnamsprozessionen und auf Wallfahrten wird der Rosenkranz gebetet.

Es gibt zahlreiche Varianten und Ergänzungen, die in folgenden „Geheimnissen" dargestellt werden.

Die freudenreichen Geheimnisse

(über die Geburt und Kindheit Jesu)

1 ... Jesus, den du, o Jungfrau, vom Heiligen Geist empfangen hast **2** ... Jesus, den du, o Jungfrau, zu Elisabeth getragen hast **3** ... Jesus, den du, o Jungfrau, in Betlehem geboren hast **4** ... Jesus, den du, o Jungfrau, im Tempel geopfert hast **5** ... Jesus, den du, o Jungfrau, im Tempel wiedergefunden hast

Die lichtreichen Geheimnisse

(über das Wirken Jesu)

1 ... Jesus, der von Johannes getauft worden ist **2** ... Jesus, der sich bei der Hochzeit in Kanaa geoffenbart hat **3** ... Jesus, der uns das Reich Gottes verkündet hat **4** ... Jesus, der auf dem Berg verklärt worden ist **5** ... Jesus, der uns die Eucharistie geschenkt hat

Die schmerzhaften Geheimnisse

(über das Leiden und Sterben Jesu)

1 ... Jesus, der für uns Blut geschwitzt hat **2** ... Jesus, der für uns gegeißelt worden ist **3** ... Jesus, der für uns mit Dornen gekrönt worden ist

4 ... Jesus, der für uns das Kreuz getragen hat

5 ... Jesus, der für uns gekreuzigt worden ist

DAS GLAUBENSBEKENNTNIS

„Ich glaube an Gott, den Vater, den Allmächtigen,
den Schöpfer des Himmels und der Erde,
und an Jesus Christus, seinen eingeborenen Sohn,
unsern Herrn, empfangen durch den Heiligen Geist,
geboren von der Jungfrau Maria,
gelitten unter Pontius Pilatus, gekreuzigt,
gestorben und begraben,
hinabgestiegen in das Reich des Todes,
am dritten Tage auferstanden von den Toten,
aufgefahren in den Himmel.
Er sitzt zur Rechten Gottes, des allmächtigen Vaters.
Von dort wird er kommen zu richten
die Lebenden und die Toten.
Ich glaube an den Heiligen Geist, die heilige katholische
Kirche, Gemeinschaft der Heiligen, Vergebung der Sünden,
Auferstehung der Toten und das ewige Leben.
Amen"

Es folgt: „Ehre sei dem Vater und dem Sohn
und dem Heiligen Geist wie im Anfang,
so auch jetzt und allezeit und in Ewigkeit.
Amen."

VERGEBUNG

(ohne sich über andere zu erheben)

Herr, vergib uns,
denn wir wissen nicht,
was wir tun

Viele Kirchen und andere geheiligte Orte wurden und werden immer noch zerstört, einer Ideologie der Trennung und Vernichtung folgend, die alles Spirituelle und seine Heiligtümer zerstören will. Dieses Bild steht stellvertretend für eine Kultur der Vernachlässigung im Geiste der Trennung, die zum Zerfall wertvollen Geisteswesens und von Kultur führt, statt zu Frieden und Vielfalt.

HO'OPONOPONO

Ein uraltes hawaiianisches Gebet, das in seiner Einfachheit und Klarheit über allen Verzeihensritualen stehen kann und zu den ältesten Gebeten gehört, die uns in einer grossen Gemeinschaft erleben lässt, in der wir alle zu gleichen Bedingungen verbunden sind.

Es tut mir leid.

Ich akzeptiere das Negative bzw. das der Liebe Entgegengesetzte in mir. Es tut mir leid, dass ich und meine Ahnen dich und deine Ahnen bewusst oder unbewusst verletzt haben. Es tut mir leid, dass ich andere bewusst oder unbewusst verletzt und in ihrer Entwicklung gestört habe. Ich bereue und entschuldige mich.

Bitte verzeihe mir. Ich verzeihe mir.

Ich verzeihe mir das Negative in mir. Ich verzeihe mir, dass ich mich zur Verfügung gestellt habe. Ich verzeihe mir, dass ich Täter war. Ich bitte darum, mir zu verzeihen, dass ich ein Teil des Problems war.
Ich verzeihe mir, weil ich mich schuldig fühle.
Ich verzeihe dem Täter und lasse uns los.

Ich liebe mich. Ich liebe dich.

Ich respektiere mich, und ich respektiere dich.
Ich liebe mich mit all meinen Schwächen und nehme mich an. Ich liebe, was ist. Ich habe Vertrauen, dass diese Situation mich weiterbringt.
Ich respektiere die Situation, die mir zeigt, was zu tun ist. Ich liebe die Situation, die zu mir gekommen ist, um mich wieder in den Fluss des Lebens zu bringen. Ich sehe das Göttliche in dir, und ich sehe das Göttliche in mir. Ich nutze die Erkenntnis und gestalte die Situation neu. Liebe ist die einzige und größte Kraft im Universum.

Danke.

Ich danke für den Segen, der in dieser Situation steckt. Ich danke für die Transformation. Ich danke für die Erkenntnis. Danke für die gemachte Erfahrung. Danke für die für mich und alle Beteiligten beste Lösung. Ich erlaube die Heilung. Ich danke für das Wunder. Ich danke für mein Leben.

DAS VERZEIHEN

Der Vorgang des Verzeihens ist eine Form, sich der eigenen Mitverantwortung bewusst zu werden, wenn Frieden noch nicht erfahren wird. Im Unbewussten mag es zahlreiche Verstrickungen geben, die uns Unfrieden erleben lassen. In der Vergebungsarbeit nehmen wir uns aus einer gefühlten und meist ideologisch begründeten Besserwisserei heraus und stellen uns mit allem, was ist, auf eine Stufe, die keine Schuldzuweisung, wohl aber Bewusstsein für das, was uns alle miteinander verbindet, erlaubt.

Der folgende Text stammt von *Gerald Jampolsky*.

„Verzeihen ist die größte Heilung"

Ist es möglich, dass alles Leid - ungeachtet seiner Ursache - ein Element der Unversöhnlichkeit in sich trägt? Das Klammern an Rachegelüste, das Verweigern von Liebe und Mitgefühl erlauben uns keine Gesundheit in Frieden.

Das Festhalten dessen, was wir „gerechte Wut" nennen, verhindert, dass wir den Frieden Gottes erfahren.
Verzeihen heißt nicht, dass wir der Tat zustimmen.
Es heißt nicht, verbrecherisches Verhalten gut heißen.
Verzeihen bedeutet, nicht länger in den Ängsten der

Vergangenheit leben. Verzeihen bedeutet, nicht länger die Wunden aufkratzen, damit sie aufhören können zu bluten. Verzeihen heißt, ohne die Schatten der Vergangenheit vollkommen in der Gegenwart zu leben und zu lieben.

Verzeihen heißt, frei sein von Wut und aggressiven Gedanken. Verzeihen bedeutet, alle Hoffnung auf eine bessere Vergangenheit fahren lassen.

Verzeihen bedeutet, niemanden von unserer Liebe ausschließen.

Verzeihen heißt, das Loch im Herzen heilen, das unversöhnliche Gedanken gerissen haben.

Verzeihen heißt, das Licht Gottes in jedem Menschen sehen - unabhängig von seinem Verhalten.

Vergebung gilt nicht nur dem anderen Menschen, sondern uns selbst, den Fehlern, die wir gemacht haben und der Schuld und Scham, an die wir uns klammern. Vergebung in seiner tiefsten Bedeutung heißt, uns selbst zu verzeihen, dass wir uns von einem liebevollen Gott getrennt haben.

Vergebung heißt, Gott und damit uns selbst unsere falsche Wahrnehmung zu verzeihen, dass wir jemals allein oder im Stich gelassen wurden.

In diesem Augenblick zu verzeihen bedeutet, dass wir nicht länger König oder Königin im Klub der Zauderer sind. Vergebung gibt uns die Chance zu spüren, dass wir im Geist und im Fühlen mit allen in Einheit verbunden sind und somit alle mit Gott.

Es ist niemals zu früh zu verzeihen.

Es ist niemals zu spät zu verzeihen.

Wie lange brauchst Du, um zu verzeihen?

Die Antwort hängt von Deinem Glauben ab.

Wenn Du glaubst, es wird nie geschehen, wird es nie geschehen. Wenn Du glaubst, Du brauchst sechs Monate, brauchst Du sechs Monate. Wenn Du glaubst, Du brauchst nur eine Sekunde, wirst Du solange brauchen.

„Ich glaube von ganzem Herzen, dass Frieden auf Erden sein wird, wenn jeder von uns die Verantwortung dafür übernimmt, jedem - vor allem sich selbst - vollständig zu verzeihen."

Ich verzeihe mir und allen meinen Mitmenschen, dass ich durch unangemessene Aufmerksamkeit auf mich als Einzelner den Reichtum im WIR übersehen habe, mein unangemessenes Sehnen und Wollen, meine unangemessenen Erwartungen an mich und andere für einen angeblich erforderlichen Ausgleich, meine Missverständnisse und mein Nicht-Tun in dem Glauben, dass andere etwas für mich tun sollten.

Ich bitte um Vergebung, mich selbst, alle meine Mitmenschen & alle Partner in der ganzen Schöpfung, und ich bin gewiss, dass mir und allen vergeben ist.

RADIKALE VERGEBUNG
MIT DER TIPPING-METHODE

Colin Tipping, 1941 – 2019

13 Schritte zur vollkommenen Vergebung
Anleitung zur Vergebungsarbeit

1. Erkenne und benenne Deinen Konflikt,
   Deine Emotion, Dein Leid, Deinen Kummer.

2. Lege eine Hand auf jene Stelle an Deinem Körper, an der Du dieses Leid am meisten spürst.

3. Gib den Emotionen, die sich melden,
   allen Raum und alle Zeit, um sich zu zeigen
   und heiße sie willkommen!

4. Bist Du bereit, einen Zweck dieser Erfahrung
   zu erkennen, den Dir Dein höheres Selbst,
   Deine Seele, zeigen will? Dann sag´ „Ja"!

5. Bist Du bereit, zu erkennen, dass Dein Leid eine
   Entsprechung hat mit einer früheren Erfahrung,
   die geheilt werden möchte? Dann sag´ „Ja"!

6. Bist Du bereit, das Verlangen loszulassen, die alte und die neue Erfahrung bewerten zu wollen? Denn alles ist bereits vollkommen und braucht keine Erklärung. Dann sag´ „Ja"!

7. Bist Du offen für die Idee, dass Dein Leid ein Teil von Dir ist, eine Sehnsucht, einfach nur so akzeptiert zu werden, wie Du jetzt bist?
Dann sag´ „Ja!"

8. Bist Du bereit, Dich anzunehmen und Dich auch in diesem Leid zu lieben so wie Du jetzt bist, auch wenn Du keine Erklärung für den Ursprung Deines Kummers hast? Dann sag´ „Ja"!

9. Bist Du offen für die Idee, dass Du das Drama eingeladen hast, um Dein Opferdasein zu heilen?
Dann sag´ „Ja"!

10. Bist Du offen für die Gelegenheit, allen und allem alles zu vergeben? Dann sag´ „Ja"!

11. Erkennst Du, wenn und dass das Leid nachlässt und erkennst Du die Göttliche Liebe dahinter.
Dann sag´ „Ja" zu ihr, heiße sie willkommen!

12. Erkennst Du, dass in Deinen Gedanken die emotionale Belastung sich mindert und auflöst?
Dann sag´ „Ja" und heiße das neue Gefühl willkommen!

13. Erkennst Du, dass Deine Vergebung Deine
    Wahrnehmung verändert und das Drama und
    die Illusion sich löst und heilt; auch dass Du die
    Göttliche Wahrheit erkennen kannst?
    Dann sag´ „Ja" und danke!

Ich sehe, was ich erschaffen habe.
Ich bemerke, dass ich urteile und liebe mich dennoch.
Ich bin bereit, die Vollkommenheit
meiner Situation zu sehen und anzuerkennen.
Ich entscheide mich für die Kraft des Friedens
und erkenne den Göttlichen Plan.
Ich werde geliebt und es ist für mich gesorgt,
egal wie ich mich benehme und wie viel Schmerz
ich mir bereite.
Ich bin in Verbindung mit der Göttlichen Quelle
und bleibe es!
Ich vertraue darauf, dass all mein Leiden nun heilt.
Ich erlaube und manifestiere nur, was mich heilt.
Ich lebe absichtsvoll mein Leben und meine Gefühle
im Bewusstsein der Vollkommenheit,
mit Hingabe und im Vertrauen.

Amen

WENN ICH WÜSSTE …

„Wenn ich wüsste, es wäre das letzte Mal,
dass ich Dich würde einschlafen sehen,
würde ich Dich fester an mich drücken
und den Herrn darum bitten,
über Deine Seele zu wachen.
Wenn ich wüsste, es wäre das letzte Mal,
dass ich Dich würde aus der Tür gehen sehen,
gäbe ich Dir eine Umarmung und einen Kuss,
um Dich für einen weiteren zurückrufen.
Wenn ich wüsste, es wäre das letzte Mal,
hörte ich Deine Stimme wie ein Gebet,
würde jede Geste und jedes Wort aufnehmen,
damit ich sie jeden Tag abspielen könnte.
Wenn ich wüsste, es wäre das letzte Mal,
dass ich eine zusätzliche Minute hätte,
um Dir zu sagen „Ich liebe Dich",
anstelle anzunehmen, Du wüsstest es.
Wenn ich wüsste, es wäre das letzte Mal,
dass ich den Tag mit Dir verbringen könnte,
war ich mir doch sicher, Du hast noch so viele mehr
und ich kann diesen einen verstreichen lassen.
Sicherlich gibt es ein Morgen,
um ein Missverständnis zu klären,
und wir bekommen immer eine zweite Chance,
um alles richtig zu machen.
Es wird immer ein Morgen geben, um zu sagen
„Ich liebe Dich".

Und sicherlich gibt es eine weitere Chance um zu
sagen „kann ich noch was Tun?"
Sollte ich mich aber täuschen und es gibt für mich
kein Morgen mehr, möchte ich Dir sagen
wie gern ich Dich habe und hoffe,
wir vergessen das nie.
Der morgige Tag ist niemandem versprochen,
ob jung oder alt,
und heute kann Deine letzte Chance kommen,
Deine Lieben ganz festzuhalten.
Solltest Du bis morgen warten,
wieso tust Du es nicht heute?
Sollte morgen niemals kommen,
wird es Dir um diesen Tag sicherlich leidtun.
Dass Du Dir nicht zusätzlich Zeit genommen hast,
für ein Lächeln, eine Umarmung, einen Kuss,
und Du warst zu beschäftigt, jemanden zu loben,
was deren einziger und letzter Wunsch war.
Also behalte Deine Lieben heute ganz nah
und flüstere Ihnen ins Ohr,
sag ihnen, wie sehr Du sie magst
und sie immer liebbehalten willst.
Nimm Dir Zeit um zu sagen „Es tut mir leid",
„Bitte vergib mir",
„Danke" oder „ist schon gut".
Und sollte morgen niemals kommen,
wird es Dir um diesen Tag niemals leidtun."

Quelle unbekannt

GEBETE ZUR HEILUNG

JOACHIM WOHLFEIL

Einleitung

Die ursprüngliche Absicht dieses Buches war es, Heilungsgebete „aus aller Welt" zu finden und bewusst eine Reihe „archaischer Gebete", wie sie unsere Vorfahren noch aus ihrem kulturellen und religiösen Verständnis heraus kannten, neben „modernere Formen" des Betens und Beschließens zu stellen.

Auch wenn es nicht viele Gebete aus aller Welt geworden sind, sind doch die folgenden Gebete noch wirklich alte Gebete, die ihre Wirkung damals nicht verfehlten, heute nicht verfehlen, und genau deshalb in diesem Buch erscheinen.

Die Anbindung an Gott kennt keinen Raum und keine Zeit, nur Ewigkeit. Doch in unserem Weltbild ist die die archaische Form eine ursprünglichere, vielleicht auch ehrlichere, ehrfürchtigere Form. Die Gebete sollen daher auch nicht in eine moderne Form gebracht werden, sondern dürfen in der Anbindung an ihre archaische Wirkung auch heute „ihr Wesen treiben" dürfen.

Durch hinführenden Kapitel in diesem Buch erschliessen sich Inhalte, Zusammenhänge neu und machen die Gebete für uns lebendig.

Das gilt auch für für das „Ave Maria", das sich seit Jahrhunderten im „Angulusgebet" findet, auch heute jeden Sonntag vom Papst gebetet wird. Es gilt, neben Jesus auch Maria als Stellvertreterin des Mütterlich-Göttlichen zu stellen, für jene Menschen, die noch – man verzeihe mir die Provokation – zwischen Männlein und Weiblein unterscheiden möchten.

In der Einheit, im Absoluten, im rein Göttlichen selbst, spielt diese Unterscheidung vielleicht gar keine Rolle mehr, sind Polarität und Dualität aufgehoben bzw. ursprünglich schlicht weg nicht da.

Gebrauchsanweisungen

Die Gebete werden laut oder in Gedanken gesprochen. Stelle Dir die Person, für die gebetet wird, bildlich vor, vielleicht mit einem Foto, vielleicht mit einer Beschreibung, oder diese Person steht körperlich vor Dir. *Gehe in Resonanz, in Empathie mit ihr!*

In die Vollmacht gehen bedeutet, die volle authentische Kraft und Wirksamkeit eines Augenblicks anerkennen, so „wie es ist". Und dann aus der eigenen Schöpferkraft heraus sprechen und tätig werden.

Bei einzelnen Gebeten stehen Anweisungen, die in der Tradition so entstanden sind; wir haben sie zu jedem Gebet in folgenden Abkürzungen abgegeben:

Sprich 3 x das Gebet, 3 x Vaterunser.

„N.N.": Name der Person, für die gebetet wird.

1 x bedeutet ein mal beten

+++ beseutet: 3 x beten.

„Andrax" ist ein altdeutsches Wort für „Etwas, das unter der Haut wächst".
Bei abnehmenden Mond wird für alles gebetet, was gehen darf.
Bei zunehmenden Mond wird für alles gebetet, was innen ist, was sein und wachsen mag.

Wie oft ein Gebet gesprochen werden soll, steht bei dem Gebet dabei; falls nicht, bleibt es der Intuition eines jeden überlassen. Fühlen wir in der Tiefe unseres Herzens, dass das Gebet „angekommen" ist, ist das Ziel für den Augenblick erreicht.
Laut gesprochene Gebete scheinen manchmal hilfreicher zu wirken, denn die Sprache ist ein wichtiger Schwingungsfaktor für unseren Körper.
Wie viele Tage oder auch Wochen ein Gebet gesprochen werden soll, folgt der gleichen Regel.
In jedem Falle ist „das dran", was uns besonders anzieht oder in Widerstand bringt.
Es sind beide Polaritäten des Angemessenen, ob ich jetzt für jemanden spreche oder ob ich es einer anderen Person gebe und sie es für selbst spricht.

Es mag gut sein, wenn ein Mensch den Text bewusst laut liest, damit seine Ohren es hören.

Augenweh

„Glückseligkeit und heilig ist der Tag, daran Christus der Herr geboren war, flog aus mein Blini, Logemimud, der blinde Jud, der stach Christi dem Herrn seine Seite durch und durch, daraus floss Wasser und Blut, das ist dem N.N. für seine Augen gut".

Warzen zu Vertreiben

Sprich über die Warzen 3-mal: „Frene, Frene, dorre weg. 3 x im Namen GOTTES des Vaters, GOTTES des Sohnes und GOTTES des Heiligen Geistes".

1 x das Vaterunser.

Bei Schmerzen an Füßen, Zähnen und am / im Kopf

„Ich beschwör dich bei dem lebendigen Gott, dass du aus des N.N. Leibe ziehest, und ihn so wenig schadest, als Christus dem Herrn am heiligen Kreuze geschadet hat, das befiehlt dir Gott Vater, Sohn und Heiliger Geist". 3 x gesprochen.

Die Schmerzen zu nehmen,
es mag sein was es will

„Es ist heut ein heiliger Tag, dass Gott woll Niemand keinen Schaden, die du am ganzen Leib hast, aufkommen lassen, es sei gleich Ross, Vieh und alles, was lebendig ist.

+ Gott grüße dich lieber Sohn + N.N.
+ Gott grüße dich lieber Mann + N.N.
+ Gott grüße dich Sohn Heiliger Geist + JHWH (gesprochen Jahwe):

Ich bitte dich O Heilige Dreifaltigkeit, hilf diesem N.N., dass ihm alle Schmerzen nachlassen, wie sie mögen heißen, und was von bösen Sachen herkommt, Christus gebietet + Christus überwindet, Christus ist dir zu gutem Mensch worden, und sie vor allem Übel behütet und bewahrt; Jesus Christus von Nazareth, der gekreuzigte Heiland mit Maria seiner lieben Mutter, hilf diesen N.N. von allen Übel, wie es Name hat. Amen. Jesus Nazarenus, Rex Judäorum".

Gebet für Schmerzen und Wunden

„Unser Herr Jesus Christus hat gehabt viele Beulen und Wunden und hat doch keine verbunden. Sie gähren nicht, sie geschwären nicht, es gab auch keinen Eiter nicht. So wahr die heiligen Wunden sind geschlagen, sie gerinnen nicht. Daraus nehme ich Wasser und Blut,

das ist für die Schmerzen und Wunden gut (Namen einsetzen).
Heilig ist der Mann, der all die furchtbaren Schmerzen und Wunden heilen kann. Jesus heile du!
Im Namen Jesus und der Allerheiligsten Dreifaltigkeit, Gott Vater, Gott Sohn, Gott Heiliger Geist".

Gegen alle Schmerzen

„Jesus Christus hatte selbst viele Beulen und Wunden und hat keine verbunden. Sie gähren nicht und geschwären nicht, es gibt auch keinen Eiter nicht.
Jonas war blind, sprach ich, das himmlische Kind.
So wahr die heiligen fünf Wunden sind geschlagen, daraus nehme ich Wasser und Blut, das ist dem N.N. für alle seiner Wunden und Schmerzen gut.
Jesus ist der Mann, der alle Wunden, Schäden und Schmerzen heilen kann".

3 x „Gott Vater, Gott Sohn, Gott Heiliger Geist"
und 1 x das Vaterunser.

Frische Wunden

„Frisch ist die Wund. Heilsam ist der Tag und glückselig ist die Stund, sobald ich dich ergreif, dass du weder geschwillst noch geschwärst, bis Maria einen anderen Sohn gebärt".

3 x sprechen:
„Gott Vater, Gott Sohn, Gott Heiliger Geist"
und 1 x das Vaterunser.

Wenn man sich an einem Glied oder am Leibe verbrannt hat, dass es keine Narben oder Blattern zurücklässt

„St. Lorenz auf dem Ross saß, Gott der Herr segne ihm seinen Brand, dass er nicht tiefer einfraß, und tiefer um sich fraß, im Namen Gottes des Vaters, Gottes des Sohns und Gottes des Heiligen Geistes. Amen".

3 x gesprochen, und jedes Mal bei den 3 höchsten Namen über das Gebrannte wegblasen, vom Leib herauswärts. Ein Brand ist eine Entzündung, wie z. B. ein Sonnenbrand.

Vor dem Brand

„Weich aus, Brand, und ja nicht ein, du seiest kalt oder warm, lass das Brennen sein; Gott behüte dir N.N. dein Fleisch, dein Blut, dein Mark, dein Bein und alle Äderlein, die sollen vor dem kalten und warmen Brande bewahret und unverletzt sein."

3 x sprechen, 3 x den Brand symbolisch wegblasen, 1 x das Kreuzzeichen machen, 1 x das Vaterunser beten

Für den Wurm an allen Gliedern, er mag sein wo er will

„Wurm, ich beschwöre dich bei dem heiligen Tag, Wurm ich beschwöre dich bei der Heiligen Nacht, Wurm ich beschwöre dich bei den fünf Wunden, Wurm ich beschwöre dich bei den heiligen drei Nägel Christi, Wurm ich beschwöre dich bei der Kraft Gottes, du seiest gleich grün, blau, weiß, schwarz oder rot, dass du liegest in dem Finger tot; das sei dir zur Buße gezählt".

3 x sprechen und das Vaterunser.

Ein Wurm ist ein Geschehen, das sich durch den Körper windet und ein „Ding", das man sich nicht erklären kann, wir sprechen gerne von bislang Unerklärlichem, „in dem der Wurm steckt".

Gebet zur Stillung von Blutungen

Heiliger Namenspatron von........
(Vorname von N.N.) ......
Auf dem Grabe Christi blühen drei Ilgen.
„Die erste heißt Juzent,
Die zweite heißt Duzent,
Die dritte heißt Suxul, Blut steh still !"

3 x das Vaterunser sprechen.

Bei Geschwulsten

„Glückhaftig sei der Tag, glückhaftig sei die Stund, dass du weder geschwülst noch geschwärst, bis die Maria einen andern Sohn gebärt".

Bei Geschwüren und Zysten

„Geschwulst, Geschwulst, Geschwulst, ich gebiete dir im Namen Jesu Christi, dass du dem N.N. so wenig schadest, als unserem Herrn Jesus Christus die drei Nägel geschadet, die ihm durch Hände und Füße geschlagen".

3 x sprechen: „Gott Vater, Gott Sohn, Gott Heiliger Geist" und 1 x das Vaterunser.

Beinbruch, Verstauchungen

„Es ging ein Hirsch über eine Heide. Er ging zu einer grünen Weide. Da verrückt er sein Bein an einem Stein. Da kam der Herr Jesus Christus und schmierts mit Schmalz und Schmeer, dass es ging hin und her".

Verrückt = aus der Ordnung gegangen

3-mal gesprochen. 3-mal blasen und einmal Kreuz und das Vaterunser.

Wenn einem ein Bein verruckt, sei er Mensch oder Viech

„Man hat Jesus Christus ans Kreuz gehängt. Tut ihm sein Hängen nichts, tut dir dein Verrenken nichts".

3 x sprechen,
3 x blasen und einmal das Kreuzzeichen machen
1 x das Vaterunser sprechen.

Flechte oder Pilz

„Die Flugasche und die Flechte (Pilz), sie flogen übers Meer, die Flugasche, die kam wieder, die Flechte nimmermehr".

Sprich:
„Gott Vater + Gott Sohn + Gott Heiliger Geist. Amen".

Bei Fieber

„Im Namen Gottes. Im Namen von N.N. säe ich aus diesen Samen. Die siebenundsiebzig Fieber und Fieberinnen müssen dich meiden, bis du kommst und schneidest diesen Samen. Im Namen Gottes, da hilft Gott Vater, Gott Sohn und Gott Heiliger Geist. Amen".

1 x das Vaterunser sprechen.

Gürtelrose Wildes Feuer, Flug, Brand, Schmerzen

1. Gebet

„Geronnenes Blut, es umfange dich Gott der Herr, der dich wildes Feuer, Flug, Brand, Feuer, Schmerz, geronnenes Blut aus allen meinen Gliedern. Brand und Schmerz soll stille stehen und nicht mehr weiter gehen. Heiliger Gott, heiliger starker Gott, heiliger unsterblicher Gott, lösche und dämme: die Gürtelrose, den Brand, den Schmerz, im Namen der Allerheiligsten Dreifaltigkeit, Gott Vater, Gott Sohn und Gott Heiliger Geist".

3 x das Vaterunser, neun Tage lang (Novene).

(„Wildes Feuer" bedeutet Entündung, entzündetes Fleisch, entzündete offene Wunde, entzündetes wucherndes Gewebe)

2. Gebet

„Jesus ging über das Land, da begegnete Ihm jemand mit einem heißen Brand. Brand lösch aus und nicht ein. Dein Brand soll gelöscht sein. Es helfe Gott Vater, Gott Sohn und Gott Heiliger Geist".

3 x Beten und 3 x das Vaterunser.

3. Gebet

„Heute ist Sabbat, da haben die Juden den Festtag, sie

meiden das Schwein, drum lasse das Greisen und Bei-
ßen (Schimpfen, Fluchen, Geifern) *sein*".

3 x das Vaterunser.

(Nur am Samstag; vielleicht sollten wir das Essen von
Schweinefleisch auch ganz lassen sowie das sich Erei-
fern über andere, um uns nicht selbst zu schaden.)

Gürtelrose

„*Weiße Rose, Rote Rose, Gürtelrose, ihr drei, da hüte
dich, ich bitte Dich, dass du vor Jesu Tür stehest, und
mit dem heutigen Tage vergehst*".

1 x „Gott Vater + Gott Sohn + Gott Heiliger Geist.
Amen."

Hauterkrankungen, Gürtelrose

„*Rosmarin und Dill, Gürtelrose, stehe still.
Und wirst du nicht größer, so musst du ver-
gehn und im Namen Jesu musst du gestehn.
Im Namen Gottes, des Vaters, des Sohnes und des Heiligen Geistes. Amen*."

3 x beten, 3 x blasen, 3 x das Vaterunser.

Wucherungen, Durchblutungsstörungen, grauem Star ect.

„Gott helfe Dir für Unterwachs, Andrax für den grauen Star. Weiche von meiner Ripp, wie der Heiland gewichen ist, von der Kripp. Im Namen der Heiligen Dreifaltigkeit.
Gott Vater, Gott Sohn und Gott Heiliger Geist."

3 x beten, ein Kreuz machen und mit Weihwasser besprengen. Bei abnehmendem Mond kurz nach Vollmond und an einem Freitag wirkt es der Überlieferung zufolge am besten.

Bauchkrämpfe

„Hast du Herzgespann und Darmgicht, so weiche du von dieser Ripp N.N., wie Jesus Christus von seiner Kripp."

Sprich 3 x:
„Gott Vater, Gott Sohn, Gott Heiliger Geist"
und 1 Vaterunser.

Gemeint sind Beklemmungen im Brustkorb und im „emotionellen Herzen".

Um sich vor bösen Leuten sicher zu stellen

Wenn du auf Reisen bist und nicht in Gefahr kommen möchtest, angegriffen zu werden, so sprich dreimal:

„Es haben mich zwei böse Augen überschattet, so überschatten mich drei gute Augen, das eine ist GOTT der Vater, das andere ist GOTT der Sohn, das dritte ist GOTT der Heilige Geist, die behüten mir mein Blut und Fleisch, mein Mark und Bein, und alles andere groß und klein, die sollen alle in Gottes Namen behütet sein".

Pollen - und alles, was in der Luft ist (Gedanken, Hexenschuss, Reißen in den Gliedern)

„Flug ich beschwöre dich. Neun Klafter tief unter die Erde, so bitt GOTT für dich N.N., dass dir der Flug verschwind und verschweb, bis die Mutter GOTTES Maria einen anderen Sohn wird gebären, und alles soll dir der Flug verschwinden durch Gottes Hände und verschweben."

Sprich 3-mal: GOTT Vater, Gott Sohn, GOTT Heiliger Geist und 1-mal das Vaterunser.

Reinigung negative Schwingungen, auch bei sich selbst

„Ich bitte das Universum, es sollen alle negativen oder/ und schlechten Schwingungen von N.N. weichen. Dies befielt dir Jesus Christus der Herr."

Sprich 4 - 5 x: „Gott Vater, Gott Sohn, Gott Heiliger Geist. Amen. Danke Vater".

Seelengebet, auch für lebende und verstorbene Seelen

Sprich 3 x: *„Vater, hilf dieser Seele (diesen Seelen) nimm sie auf in ein neues göttliches Leben, Friede, Freude und Harmonie umgeben diese Seele (diese Seelen) jetzt und bis ans Ende aller Tage, Herr wünsche ihnen alles Gute. Amen. Danke Vater. Ich bitte um Göttlichen Schutz und Führung für mich".*

Hängen gebliebenes Altes

„Alles Schwarze und Böse, das in mich hineingegangen ist, vor meiner Geburt nach meiner Geburt und bis zum heutigen Tage, all dies soll mich jetzt verlassen und dorthin zurückkehren woher es gekommen ist. Amen".

Einen Schaden zu Heilen

Sprich 3 x: „*Itum, Otum, Utum*".

Gegen Grimmen oder Kolik

Sprich: „*Ein alter Schurrenkopf, ein alter Leibrock, Glas von Rauten Wein, Bär Mutter lass dein Grimmen sein.*" und bete 3 x das Vaterunser.

Gebet vor dem Autofahren

„*Gott Vater fahre aus, Gott Sohn, Du fahre ein, Heiliger Geist, erleuchte uns, dass wir richtig fahren. Himmlische Mutter, gehe Du voraus mit den himmlischen Heerschaaren, Heiliger Erzengel Michael, Du räume den Weg, Heiliger Erzengel Raphael, du sitze an´s Steuer und Heiliger Schutzengel, führ uns gut heim. Amen*".

Uraltes, kräftiges Gebet und Segen wider das Ungewitter

„*Jesus Christus, der König der Glorie ist gekommen in Frieden; Gott ist Mensch geworden und das Wort ist Fleisch geworden;
Christus ist von der Jungfrau geboren worden;
Christus hat gelitten;*

Christus ist gekreuzigt worden;
Christus ist gestorben;
Christus ist vom Tode auferstanden;
Christus ist gen Himmel gefahren;
Christus überwindet;
Christus herrschet;
Christus gebietet;
Christus wolle uns vor allem Blitz
und Donner beschützen;
Christus ging mitten durch sie in Frieden
und das Wort ist Fleisch geworden;
Christus ist bei uns mit Maria;
fliehet ihr widrigen Geister, denn der Löwe von dem
Geschlechte Juda, die Wurzel David hat überwunden;
heiliger Gott, heiliger starker Gott, heiliger unsterbli-
cher Gott, erbarme dich unser".

3-mal das Vaterunser und das Ave-Maria.

„Gegrüßet seist du, Maria, voll der Gnade, der Herr
ist mit dir. Du bist gebenedeit unter den Frauen, und
gebenedeit ist die Frucht deines Leibes, Jesus. Heilige
Maria, Mutter Gottes, bitte für uns Sünder jetzt und in
der Stunde unseres Todes. Amen"

Wettersegen

„Es umgebe Dich Gott der Vater,
der Sohn und der Heilige Geist.

Es segne Dich Gott der Vater,
der Sohn und der Heilige Geist.
Es zerteile Dich Gott der Vater,
der Sohn und der Heilige Geist.
Es zerstreue Dich Gott der Vater,
der Sohn und der Heilige Geist.
Es vernichte Dich Gott der Vater,
der Sohn und der Heilige Geist.
Im heilsamen Regen verwandle dich Gott der Vater,
der Sohn und der Heilige Geist. Sehet das Zeichen des
heiligen Kreuzes, fliehet ihr feindlichen Mächte, denn er
hat gesiegt über euch und die ganze Welt, der höchste
Herrscher, der Löwe aus dem Stamme Juda der Wurzel
Davids. Amen."

Gebet zur Stärkung

Sprich das Gebet 3 x:

„Ich kann alles erreichen durch meine in mir ruhen-
de göttliche Energie. Ich bin stark durch die Stärke des
Allmächtigen. Ich bin heil durch die Gesundheit des
vollkommenen Lebens. Liebe umgibt mich, ich bin nie
allein. Durch die Kraft Gottes habe ich in allem, was
ich tue, Erfolg. Und gleich wie der Prophet Jonas durch
drei Tage und drei Nächte in des Walfisches Bauch ver-
sorgt gewesen, so wolle mich der Allmächtige Gott vor
aller Gefahr väterlich behüten und bewahren. Amen.

Schutzgebet: Bei Ängsten und dem Gefühl von Überforderung

„*Ein Wall aus Kristall allüberall schließt mich ganz ein. Lässt nur Licht und Liebe hinein. Mein Wille geschehe. Amen.*"

Gebet, um Kraft zu schöpfen

„*Wo ich geh und wo ich steh, ist Jesus Christus in der Näh. Wer stärker ist als dieser Mann, der komm herbei und fass mich an. Im Namen Gottes, des Vaters, des Sohnes und des Heiligen Geistes. Amen.*"

Kindergebete für Gesundheit und Schutz

AM MORGEN

Wie fröhlich bin ich aufgewacht,
wie hab ich geschlafen so sanft die Nacht!
Behüte mich auch diesen Tag,
dass mir kein Leid geschehen mag.
Amen.

Heiliger Schutzengel mein,
lass mich dir empfohlen sein.
Auch an diesem Tag bitte ich dich,
beschütze und behüte mich.
Amen.

AM ABEND

Müde bin ich, geh zur Ruh,
schließe meine Augen zu.
Vater lass die Augen Dein,
über meinem Bettchen sein.
Hab ich Unrecht heut getan,
sieh es lieber Gott nicht an.
Deine Gnad und Jesu Blut,
machen allen Schaden gut.

NOVENE ZUM HL. JOSEF

„O heiliger Josef, dessen Schutz so groß, so stark und so sicher vor dem Thron Gottes ist, ich übergebe Dir alle meine Interessen und Wünsche.

O heiliger Josef, stehe mir durch Deine mächtige Fürsprache bei und erlange mir von Deinem Göttlichen Sohn alle geistigen Segnungen durch Jesus Christus, unseren Herrn; nachdem wir hier unten deine Himmlische Macht angerufen haben, möchte ich dem liebevollsten aller Väter meinen Dank und meine Huldigung bringen.

O heiliger Josef, ich werde niemals müde zu betrachten, wie du das schlafende Jesuskind in deinen Armen hälst. Ich wage es nicht, mich zu nähern, während es an deinem Herzen ruht. Drücke es in meinem Namen und küsse sein feines Haupt von mir und bitte Es, mir diesen Kuss zurückzugeben, wenn ich meinen letzten Atemzug aushauche. Heiliger Josef, Patron der Sterbenden, bitte für uns alle, für unser aller Frieden."

Dieses Gebet wird an neun aufeinander folgenden Tagen gebetet, nach Möglichkeit jeweils zur gleichen Tageszeit.

MODERNES HEILUNGSGEBET
ZUR SELBSTHEILUNG

„Alle Energien aller meiner bisher belastenden emotionalen Kopplungen zu all jenen Erfahrungen und ihren Wirkungen, die im Folgenden ernannt werden, werden nun in allen Vernetzungen und zusammen mit all ihren Reproduktionsmechanismen und deren Reproduzierern in allen spirituellen, seelischen, geistigen und körperlichen Ebenen, in meiner ganzen Aura sowie in allen ihren kosmischen Verbindungen achtsam, in für mich angemessener Zeit und vollständig in Liebe, in Lebensfreude, Mut, Klarheit, Frieden, Gesundheit und Glück gewandelt.

Und ich bin gewiss:
mein Glück beschenkt alle anderen Wesen.

Ich vergebe mir und allen anderen, dass ich die göttlichen Regeln missachtet habe; ich bitte stellvertretend um Vergebung für alle, die vor mir gegangen sind und keine Chance sahen, es selbst zu tun; für mich und sie alle stehe ich hier und jetzt."

* hier lange in tiefer Versenkung bleiben und
  sich die Bilder vorstellen, die oben beschrieben
  wurden und (!) wie Du wieder in das Paradies
  zurückgehst - langsam, bedächtig, dankbar, freudig, leicht, beschwingt, heiter und ganz ernsthaft;

stell Dir das Paradies so schön und frei vor wie nur möglich, frei von jeglichen Ängsten, Schuld und Scham.

* Stelle Dir vor, wie tausende von Lichtpunkten aus dem Universum zu Dir streben und Dich voll und ganz erfüllen und in Deinen tiefsten inneren Frieden begleiten.

Ich befreie mich und uns alle jetzt von jeglicher Furcht und allen Ängsten, die nicht meinem Schutz und meiner Heilung dienen;

ich befreie mich und uns alle jetzt von jeglichem Neid, jeder Eifersucht, von jedem Hass und Zorn, von jeder Wut, Zorn, Trauer und allen anderen Verdrängungs- und Vermeidungsmechanismen;

ich befreie mich und uns alle jetzt von allen unangemessenen Verpflichtungen, die ich mir selbst gewählt und erschaffen habe und die meiner friedfertigen und leichten Entwicklung nicht mehr dienlich sind;

ich befreie mich und uns alle jetzt nun endgültig von allen Verpflichtungen, die ich mir habe aufladen lassen und die meiner friedfertigen und leichten Entwicklung nicht mehr dienlich sind;

ich vergebe mir und uns allen jetzt unsere falschen Wahrnehmungen als Ausdruck unserer emotionalen

Kreativität; ich vergebe mir und uns allen unsere als belastend und schlimm bewerteten Erfahrungen;

ich sprenge jetzt alle meine Gewohnheiten und Begrenzungen, die mir nicht mehr guttun und mich in meiner Schöpferkraft einschränken;

Ich bedanke mich ausdrücklich bei mir für die Erfahrungen in diesen absteigenden Energien und transformiere sie freiwillig und vollständig in angemessene Unterstützungsenergien auf meiner Reise in meine Selbstanerkennung, Selbstermächtigung in Liebe und Weisheit.

Alle meine Begegnungen und Beziehungen, in denen ich übertrieben, untertrieben oder irgendwie unangemessen agiert und reagiert habe, die ich unangemessen betrachtet und bewertet habe, entlasse ich nun aus meiner Wahrnehmung und Bewertung und gewähre mir Liebe & Neutralität in allen neuen Erfahrungen; dies in jeglichem Bezug auf meine Aufgaben und meine Verantwortung gegenüber meinen Ahnen, meinen Eltern, Geschwistern, Verwandten, Mitschülern, Freunden, Autoritäten, Fremden, Vertrauten und Feinden.

Ich beschließe die vollständige Transformation aller meiner Belastungen, die durch mich selbst und / oder durch andere entstanden sind.

Die folgende Aufzählung dient der Selbsterforschung; man fühlt sich angesprochen von den Punkten, die mich belasten.

Belastungen

- durch Verletzung der natürlichen Rechte und der Menschenrechte

- durch Druck, durch Ausgrenzung, durch Zwang, durch Unterwerfung, durch Entrechtung, durch Erpressung, durch Enttäuschung, durch gewaltsame Gleichschaltung, durch starre Bewertungsregeln, durch Be- und Verurteilung

- durch Respektlosigkeit und Einschränkung meiner Wahlfreiheit

- durch Mangel an Respekt vor den eigenen Wegen zu Lösungen

- durch Ignoranz der eigenen guten Resultate

- durch mich selbst und durch andere Wesen

- durch Verwechslung meiner Persönlichkeit mit einem vermeintlich geforderten Leistungsergebnis

- durch Einschränkungen meiner individuellen Po-

tenziale und meiner natürlichen Entfaltung,
- durch Mangel an Respekt für meine eigene Freiwilligkeit

- durch meine Lebensführung, um in den Leistungssystemen meiner Umgebung etwas zu erreichen und zu gelten, um mich bedeutsam und wirksam zu fühlen, jenseits meines reinen Seins.

„Ich beschließe die vollständige Transformation aller meiner Belastungen, die unbewusst entstanden durch meinen Stamm, meine Sippe, mein Volk, meine Stammfamilie, von einer angeheirateten Familie sowie über andere unbewusst verbundene Personen wie Paten oder Freunde.

Ich beschließe die vollständige Transformation durch übernommenen Erinnerungen an Traumata, Miasmen, durch Infektionskrankheiten und Seuchen durch Viren, Bakterien und alle anderen Arten und Mischwesen, durch Abwehrmechanismen, Impffolgen, Fremdbestimmungen jeglicher Art auf spirituellen, seelischen, geistigen und körperlichen Ebenen und mit all ihren unbewussten inneren Verbindungen bezüglich schädigender Absichten, Einstellungen, Verirrungen und sonstigen Beschlüssen.

Ich beschließe die vollständige Transformation aller meiner Belastungen, die durch mich selbst und oder durch andere entstanden sind, zur Harmonisierung emotional-toxischer Impulse, stofflich-toxischer Impulse, Harmonisierung von Stoffwechsldysbalancen, von Schmerzen, von Bewegungseinschränkungen und allen anderen Hemmnissen.

Alle meine Systeme sind frei und offen und optimal miteinander vernetzt, alle Koordinations- und Regelsysteme sind mit dem Puls meines Atems, mit der ganzen Kraft meiner Höchsten Quelle und dem kristallinen Herzen von Mutter Erde verbunden.

Durch meine optimale kontinuierliche Reinigung und Regeneration in allen Dimensionen diesseits und jenseits von Raum und Zeit in Verbindung mit allen vorbenannten Heilungen gelange und bleibe ich beständig in vollkommener Gesundheit und in optimaler Regulations- und Balancefähigkeit.

Das Heilungsgebet wird einige Male komplett laut gelesen; die eigene Stimme integriert es.
Mit Übung gelingt es, sich konzentriert und bewusst in diese Bezüglichkeit zu begeben.

M. Wollinger

DIE KRAFT DES SEGNENS

Segnen bedeutet:
Danken, Selbstverantwortung übernehmen,
bewusst gestalten lernen,
dem Gesegneten alle Liebe
aus dem eigenen Herzen heraus schenken
zur Stärkung seiner Kraft,
für sein Gelingen,
sein vollkommenes Glück.

Wann sollen wir segnen?

Täglich, immer wieder

Wen oder was sollen wir segnen?

- Unsere Ahnen
- Unsere Herkunft
- Unsere bisherigen Erlebnisse, wie „schräg" sie vielleicht von uns empfunden sein mögen
- Uns selbst und alle anderen Wesen
- Unser eigenes Leben
- Alle Lebensmittel
- Alle Begegnungen und jeden Einzelnen, dem wir begegnen
- Alle Beziehungen
- Unser eigenes Sein
- Unseren Weg, unser Werden
- Jeden unserer Stunden und Tage
- Jeden Schritt
- Jeden Atemzug
- Jede Enscheidung
- Jedes Tun und Lassen

Den Segen der Ahnen erbitten

Dank an die Eltern, Großeltern und an alle, die ihnen vorausgegangen sind, zum laut Vorlesen oder zum stillen Gebet:

Liebe Mütter, ich danke Euch, liebe Väter,
ich danke Euch
und ich entbiete Euch aus tiefstem Herzen
meine ganze Dankbarkeit;

für mein Leben, meine einfache, reine Existenz,
die Ihr mir geschenkt habt, einfach so,
ohne Bedingungen zu stellen;

für die Kraft Eurer Eltern und Großeltern
über alle Generationen hinweg;

für all die viele stillen, hilfreichen und liebenswerten
Eigenschaften, die Ihr mir vererbt habt;

für all Eure Aufmerksamkeit;

für alles was Ihr für mich getan habt;

für all das, womit Ihr mir nicht geschadet habt;

für Euren Glauben an GOTT, an Euch und an mich;

für all Eure Versprechen und Euren Einsatz,
sie halten zu wollen;

für all Eure Beiträge zu meinen Visionen;

für all Eure guten Absichten;

für all Eure guten Gedanken um meinen Lebensinhalt;

für all Eure Liebe;

für alle Eure Arbeit und Mühe;

für die Zeit, die ihr mir geschenkt habt;

für die vielen unsichtbaren Unterstützungen,
ohne die ich vielleicht nicht überlebt hätte;
für die unendlich vielen Zuwendungen,
die ich vielleicht übersehen habe;

für Euer Vertrauen;

für Eure Fähigkeiten und Talente,
die Ihr mir geschenkt habt;

für Eure vielen kleinen und großen
stillen Hoffnungen;

für Eure Ideen und für Eure Kraft;

für Eure Stille;

für Eure liebevollen Gedanken in fröhlichen
und in schwierigen Zeiten;

für Eure Sorgen um meine Gesundheit;
für Eure Freunde;

für Eure Fertigkeiten, die Ihr mir geschenkt
und trainiert habt;

für Eure guten Wünsche auf meinem Lebensweg;

für Euren Glauben an den Sinn
und die Freude meines Lebens.

Nun bitte ich um Euren Segen, damit alle hilfreichen Kräfte meiner Vorfahren klug, weise und mit ganzer Freude in jedem meiner Atemzüge, in jedem meiner Gedanken, in allen meinen Entscheidungen und in jedem Tun und Lassen heilsam wirksam werden zum Besten des Großen Ganzen.

AMEN

Nun schenke ich mir aus ganzem Herzen Dank und Anerkennung für alles was ich bin, was ich zum meinem Lebenserfolg und dem meiner Mitmenschen und Nachkommen beitragen konnte und beitragen werde.

NAMASTE

Ich verneige mich vor dem Allerhöchsten, auch in Euch und in mir selbst und beschließe, in jedem Atemzug, dankbar und glücklich zu sein.

Heilung von Lebensräumen, Pflanzen, Tieren

Es ist wichtig, unsere Lebensräume und alle Wesenheiten, die an diesem Platz leben, somit auch die Steine, alle Pflanzen und Tiere in unseren spirituellen und stofflichen Lebensräumen willkommen zu heißen und ihnen allen ihren angemessenen Platz zu belassen, nicht zuzuweisen. Dabei helfen wir ihnen, im Rahmen unserer menschlichen Vorstellung, wie wir leben wollen, ihren ggf. neuen Platz zu finden, an dem sie ihre Bestimmung leben können, ohne sich bei uns „unbeliebt" zu machen – wobei wir uns eher bei denen unbeliebt machen, die wir vertreiben wollen…

Symbole und symbolhafte Handlungen

Symbole sind Teil unterschiedlicher Traditionen und Kulturräume. Je nach Bedeutung, die sie haben bzw. die wir den Symbolen geben, wirken sie so, wie sie definiert sind, bis ihre Wirkung bewusst aufgehoben wird. So wirken uralte Symbolde, die in unserer Unkenntnis an einem Platz gelegt wurden, spannenderweise eben auch weiter, bis sie von uns entdeckt und gelöst bzw. an eine neue Situation und Zeit angepasst wurden.

Vastu

Vastu ist eine Form der Heilung aus dem Sanskrit. Heute werden die Grundgedanken der Ursprungstexte in modernen Formen gelehrt, um mit einfachen Werkzeugen unseres heutigen Lebens Heilung für einen Ort, ein Biotop, ein Haus, ein Zimmer, einen inneren Raum zu beschließen, zu „installieren".
Im Anhang steht, wo diese wunderbare Methode gelernt werden kann.

Feng shui

Feng-Shui gehört zu den Ordnungsmethoden des Nördlichen Ostens. Dazu gibt es viele empfehlenswerte Bücher, die helfen, den Alltag von seinem Gerümpel zu befreien und ungebetene Wesenheiten fernzuhalten. In meinem Buch „Integrale Unternehmensgestaltung" fasse ich wesentliche Elemente und Anleitungen für eine harmonischere Lebensordnung zusammen.

Geomantie

Sinn und Zweck der Geomantie werden in guten Büchern beschrieben, beispielsweise von Wolfgang Körner. Zahlreiche Bildbände und Beschreibungen regionaler Kraftorte und Heilungsmöglichkeiten sind gegeben, auch in meiner Bücherreihe „Der Kolibri-Plan"

sowie im Buch „Integrale Unternehmensgestaltung"
gehe ich auf das Thema ein.

Meditation

Meditation ist eine der besten Methoden, um „in
Übereinstimmung" mit sich, Gott und der Welt in
Ordnung zu gelangen. Dazu empfehle ich eine gute
Begleitung durch erfahrene Meditationslehrer, auch
und gerade aus der ZEN Philisophie.

Zungenreden

Ein Kleinkind kann alle Sprachen der Welt, diese sogar miteinander verbinden. Erwachsene verstehen da
nicht, weil sie längst vergessen habe, der innersten Verbindung mit dem Universum vertrauensvoll zu folgen.
Die Laute, welche beim Zungenreden „aus dem Innersten" kommen, lassen uns die Anbindung an eine
kosmische und somit göttliche Sprache gelingen, die
unseren Verstand ausschaltet und in spielerischer,
gleichsam sehr wirkungsvollen Art, unsere konditio-
nierte Kommunikation mit uns selbst wie mit einander
erleichtert.
Sie führt aus dem Kopf direkt ins Herz und macht Spaß
und öffnet auf ganz eigene Weise den Kontakt zum
eigenen Inneren Kind wie auch zu vielen anderen Kindern.

Schamanische Techniken

Schamanische Techniken gibt es viele.
Die Einfachsten machen ein Thema, einen Konflikt, ein Problem bewusst und zeigen einen Weg zu Auflösung: durch Ansprache an eine oder mehrere göttliche Ebenen, im Gebet und in Meditationsformen, mit Bildern und bestimmten Zeichen, je nach Kultur und Ursprungsort.

Der Begriff Schamanische Techniken mag den einen oder anderen verwirren, vor allem in diesem Buch; doch die bewusste Kommunikation mit dem Unbewussten hat eine lange Tradition, die sich über Jahrtausende sehr bewährt hat. Es macht wirklich, wirksam und im wahrsten Sinn des Wortes, Sinn, sich mit ihnen zu beschäftigen, sie wertzuschätzen und im Alltag zu nutzen.

Schamanische Techniken sind eine besondere und uralte Form des Gebetes um Heilung und bindet den ganzen Menschen aus seinem tiefsten Herzen ein.
Kinder können aufgrund ihrer Unvoreingenommenheit hervorragen fast alle ihre Kommunikationsprobleme lösen; still, leise, nachhaltig, kostenfrei!

Weitere Methoden zur Ergänzung, zur Erneuerung, zur Veränderung oder zur Verstärkung von Gebeten

Pflanzenheilung - Heilung mit und durch Pflanzen

Wer gerne in die Natur geht und sich in ihr zu erholen, sprich, zu ordnen weiß, hat verstanden, dass Heilung durch die Ordnung und die Kraft einer ungestörten Natur gelingen kann. Ein lebensfroher Mensch schenkt der Natur etwas zurück, Dankbarkeit zum Beispiel, und mit dieser Kraft heilt er sich selbst. Die Natur begleitet ihn dabei, ist also sein *Therapeut*.
Immer ist ein Aufenthalt somit auch ein Gespräch mit einem Lebensraum, was einer Pflanze, den Bäumen und allen Mitgliedern der Natur hilft.

Weihwasser, Essenzen, Homöopathie

Diese drei Begriffe gemeinsam zu benennen, erscheint mutig, ist es vielleicht sogar; erscheint nur so, ist es jedoch nicht, weil sie wesentliche Gemeinsamkeiten haben, die wir meist nie gelernt haben. So können wir diese oft nicht erkennen, annehmen und wertschätzen.
Tauchen wir in ein tieferes Herzensverständnis in unsere Welt und die Biologie ein, erschließen sich die Gemeinsamkeiten rasch. Die Bücher der Reihe „*Der Ko-*

libri-Plan", auch „*Die Reise des Kranich"* und weitere vom Autor dieses Buches fasst dazu vieles zusammen.

Kinesiologie

In der Schwingungsmedizin, in der Energie- und Informationsmedizin ist die Kinesiologie seit Jahrzehnten nicht mehr wegzudenken. Sie hat uns gelehrt, punktgenau die energetische Struktur von Materie" wie Mensch, Tier, Pflanze und allem anderen zu erkennen und Dissonantes wieder stimmig zu machen; dies einfach, rasch, preiswert. Kinesiologie hat uns entscheidend geholfen, die Biologie verstehen zu können. Auch das ist ein großartiges Gebet, eine Ode an die Schöpfung, keine Odyssee durch eine verwirrte Welt…

3 Punkte zur Heilung von Seele, Geist, Körper

In meiner Ausbildung „*Systematik Integrale Gesundheit"* gibt es eine Visualisierung und eine Sprachformel, die sich aus klassischen Klopftechniken heraus entwickelt hat.

Mit dieser „Haltetechnik" werden drei Punkte in unserem Körper bzw. in unserem Energiefeld gefunden und „gehalten", die für alle seelischen, geistigen und körperlichen Dissonanzen stellvertretend stehen können. Halten wir diese Punkte in unserer konsequent einfachen, liebevollen und demütigen Aufmerksamkeit, lösen sich zahlreiche innere und äußere Konflikte. Eine einfache Unterstützung der Selbstheilung.

Akupressur - Notfallpunkte

Parallel zur Kinesiologie pflege und betrachte ich die Akupunkturlehre aus verschiedensten Kulturen; in der Akupunktur gibt es eine Reihe von Notfallpunkten und vielen anderen Punkten, die in Verbbindung mit Gebet und Meditation, mit Zeichen intensiver eigener Hingabe und tiefster, zielgerichteter Aufmerksamkeit Heilung unterstützen können, also oft auf wundersame Weise Störungen in einem Mitmenschen, einem Tier, einer Pflanze und in anderen Bereichen heilen können.

Auch die Landschaftsakupunktur und die Geomantie gehören in die Sprache mit der Natur, um sie und uns in ein gesundes und belebtes Gleichgewicht zu bringen. Mit ihr wie mit anderen Symbolen manifestieren wir wieder die Göttliche Grundordnung und „beschließen" wieder ihre oberste Wirkungspriorität.
In der Biogeometrie finden sich sehr viele Symbole, die, wissenschaftlich nachgewiesen, zu einer erheblichen Verbesserung der Raumordnung und somit zu einer besseren Situation der Menschen, Pflanzen und Tiere beitragen.

Reflexzonen

Unser Organismus und alles, was wir energetisch dazu zählen dürfen, folgt einer stillen und sehr nachhaltigen kosmischen Ordnung.

Wer diese ein wenig kennt, erkennt ihre Ordnungskraft in uns.

Dazu zählen auch alle Reflexzonen, die ge- bzw erfunden sind: in unserem Energiefeld und in allen Körperteilen.

Somit wird klarer, das es auch viele, vermeintlich unterschiedliche Reflexzonensystem gibt, die wir im Alltag nutzen können. Die sehr praktische Arbeit mit Reflexzonen an Händen, Füßen,an allen Organen und Gliedern unseres „Körpers" erlaubt uns wertvolle Heilungsimpulse zu geben.

Zu den Reflexzonenarbeit zählt auch die Tuina, eine Ordnugstherapie aus dem Kulturkreis des alten Chinas, deren Anwendung vor allem bei Kindern bekannt und wertvoll ist.

Dazu zählt auch die Metamorphosetherapie, die sehr hilfreich sein kann, das ganze Leben und alle bisherigen Erfahrungen zu ordnen.

Yoga, Qigong und andere Formen ähnlicher Art

können wir ebenfalls in diese Rubrik nehmen, denn sie

unterstützen auf ihre Weise unsere innere wie äußere Harmonie und Lebenskraft.

Berühren der Hände - Hände auflegen

Nicht zuletzt gehört das Auflegen der Hände zu den einfachsten Formen der Zuwendung, der Hingabe, der Annahme des anderen über die bedingungslose Annahme der eigenen Heilungsfähigkeit.
Handauflegen ist Segnen und anerkennen, was ist, Besinnung auf das oberste natürliche, bio-logische Ordnungsprinzip.

NACHWORT

Heil sind wir, wenn wir seelisch, geistig und körperlich in Balance sind, uns vollständig, klar, gesund, fröhlich, entscheidungs- und tatkräftig fühlen.

Ich hoffe und wünsche dem Leser, dass er hier für ihn passende Hinweise gefunden hat, sich selbst und auch andere in diese Balance zu führen und seine „Mitte" zu stärken, die es braucht, um in den Stürmen seines Lebens bestehen und wachsen zu können.

Glaube, Liebe und Hoffnung sind nach alten Schriften wesentliche Kräfte auf diesem Wege. Ich biete mit diesem Buch eine neue Variante:

Liebe, vertraue und beschließe.

Das mit dem Hoffen, worauf auch immer, hat sich alleine nicht optimal bewährt. Verstehen wir uns als Teil einer Schöpfung, die aus eigener Kraft heraus alles schöpfen kann, was uns gut tut, sollten wir das Gute und Beste beschließen, statt zu hoffen.

Segne jeden Augenblick
Vertraue Dir selbst
Beschließe und erwarte das Beste

Zum Autor

Jahrgang 1955. Nach dem Abitur zweijährige Ausbildung zum Heilpraktiker, Sanitätsausbildung der Bundeswehr, Pflegeausbildung und -tätigkeit über ca. sieben Jahre in den meisten Bereichen der Klinischen Medizin.

Studium der Humanmedizin, Weiterbildung in Anästhesie & Intensivmedizin, Innere Medizin, Orthopädie. Erwerb der Zusatzbezeichnungen „Naturheilverfahren" und „Akupunktur".

Niederlassung in eigener Kassenpraxis mit hausärztlicher Versorgung, Bereitschafts- und Notfallmedizin, Biologische Krebstherapie, Fastentherapien, Integrale Schmerztherapie, Bewusstseins- und Kommunikationstraining, Stress- und Konfliktmanagement, Akupunktur, Aura-Chirurgie, Ayurveda, Baubiologie, Geomantie, Fengshui, Biologische Krebstherapien, Biophotonenmedizin, Bioresonanz-Methoden, Colon-Hydro-Therapie, Cranio-Sacral-Techniken, Diätetik & Fastentherapien, EFT, EMDR, Geistiges Heilen, Gesundheitsberatung, Hildegard-Medizin, Hypnose, Homöopathie / Anthroposophie / Spagyrik, Klassische Naturheilverfahren, Kinesiologie, Kommunikations- und Bewusstseinsforschung, Magnetfeldtherapie, Massagetechniken, Metakinesiologie, Microkinesitherapie, Neuraltherapie, NLP, Orthomolekularmedizin, Pflanzenheilkunde, Radiästhesie, Radionik, Reflexzonendiagnostik und -therapien, Schamanische Heilweisen, Systemische Arbeit, TCM u. a.

In seinen Büchern, Seminaren und Ausbildungen fasst der Autor sein ganzes Wissen zusammen und bietet eine ungewöhnliche und praxisnahe Synthese vieler Inhalte.

Alles zusammen mündet in die beiden Lebensprojekte Centrum Integrale Gesundheit und Netzwerk Gesunde Familie.

Internetpräsenz: www.akademie-wollinger. de

(Die Website befindet sich im Aufbau)

Seminare & Ausbildungen des Autors

„Wege aus der Angst - Weg in die Gelassenheit"
Tagesseminare

„Tage der Heilung"
Drei-Tagesseminar

„Natürlich! Gesundheit für Alle I"
Workshops

„Natürlich! Gesundheit für Alle II"
Ausbildung in der „Systematik
Integrale Gesundheit" (SIG)

„Die Reise des Kranich"
Ausbildung für Therapeuten in
einer neuen systemischen Arbeit

LITERATUR

Beutel, A.
Lichtkörper, Herzensraum und heilige Geometrie
Die Blume des Lebens und der Quantenraum
Die Harmonische Ordnung des Universums
Die Blume des Lebens in Dir

Chopra, D.
Die sieben geistigen Gesetze des Erfolgs
Das Buch der Geheimnisse
Heilung
Die sieben Schlüssel zum Glück
Du bist das Universum
Das Buch der Lösungen
Feuer im Herzen
Wonach wir wirklich hungern
Mit dem Herzen führen
Die heilende Kraft in mir
Der Gottesbeweis

Christiansen, A.
Mudras

Cousto, H.
Die Oktave - Das Urgesetz der Harmonie
Die Kosmische Oktave
Die Töne der Kosmischen Oktave
Heilsame Frequenzen

Dahlke, R.
Integrale Medizin, Schattenseiten

Emoto, M.
Die Botschaft des Wassers
Die Antwort des Wassers
Die Heilkraft des Wassers
Liebe und Dankbarkeit - Der universelle Lebenscodex
Wasser und die Kraft des Gebets
Wasser Kristalle

Grätz, J.-F.
Sanfte Medizin – Die Heilkunst des Wassermann-Zeitalters

Kliegel, E.
Reflexzonenarbeit

Melchizedek, D.
Die Blume des Lebens, Zwei Bände
Die Schlange des Lichts
Aus dem Herzen leben

Senft, B.
Die Wiederentdeckung des Lebendigen

Sheldrake, R.
Das Gedächtnis der Natur

Schopenhauer, A.
Die Upanischaden, Übersetzung von Easwaran, E.

També, Shri, Balaji, Dr.

Der bewusste Plan der Schöpfung -
Die Essenz vedischen Wissens
OM - Die Ursprache der Seele

Tesla, N.

Nicola Tesla - Seine Werke in 6 Bänden
Nicola Tesla Eine Biographie
Nicola Tesla Das verlorene Genie
Nicola Tesla   Der Erfinder des elektrischen Zeitalters
Nicola Tesla   Freie Energie selber bauen

Shusterman, N.; Elfman, E.:

Teslas unvorstellbar geniales und verblüffend
katastrophales Vermächtnis - 2 Bände

Warnke, U., Dr.

Diesseits und Jenseits der Raum-Zeit-Netze
Die geheime Macht der Psyche
Quantenphilosophie und Spiritualität
Bionische Regeneration
Quantenphilosophie und Interwelt
Gehirn-Magie
Die Öffnung des 3. Auges

Wilber, K.

Wege zum Selbst
Mut und Gnade
Eros, Kosmos, Logos
Einfach „DAS"
Das Atman-Projekt - Streben der Seele nach Einheit
Integrale Lebenspraxis

Integrale Meditation
Integrale Spiritualität
Integrale Psychologie

Juniper, Andrew
The Japanese Art of Impermanence

Koren, Leonard
Wabi-Sabi für Künstler und Architekten.
Japans Philosophie der Bescheidenheit

Powell, Richard
Wabi Sabi Simple

Podzimek-Horinouchi, N.; Mänz, J.;
Dr. Brooks-Damman, S.
Wabi-Sabi - Die Schönheit der Fotografie
Wabi und Sabi
Die Ästhetik der Einsamkeit (engl.)
Japanische Ästhetik - Wabi-Sabi und die
Teezeremonie

Weidner, Christopher, A.
Wabi Sabi - nicht perfekt und trotzdem glücklich
Wabi Sabi - Keine Zeit

Themen zur weiteren Literaturfindung:
Geomantie, Baubiologie, Wabi Sabi, Heilige Geometrie und Architektur, Kraftorte des Heilens finden und
erschaffen

MANFRED WOLLINGER

Der Kolibri-Plan

Reise in eine Welt der Anerkennung und Zuversicht
Einführung - Wie funktioniert eigentlich Biologie

Band 1 der Kolibri-Reihe

BoD VERLAG

MANFRED WOLLINGER

Der Kolibri-Plan

Was brauchen die Menschen wirklich?
Emotionale Balance: Ängste und Wege in die Gelassenheit
Kommunikation - Gemeinsam Lernen und Lehren
Das Bagua der TCM: Schatzkiste unserer Ressourcen

Band 2 der Kolibri-Reihe

BoD VERLAG

MANFRED WOLLINGER

Der Kolibri-Plan

- Werte, Gesundheit, Stress & Ernährung
- Entwicklung und die Jahreszeiten des Lebens

Band 3 der Kolibri-Reihe

BoD VERLAG

MANFRED WOLLINGER

Der Kolibri-Plan

Integrative, Integrale & Spirituelle Medizin
& Unternehmensgestaltung
Anleitungen für eine natürliche Heilkunde
Centren Integrale Gesundheit / Netzwerk Gesunde Familie

Band 4 der Kolibri-Reihe

BoD VERLAG

MANFRED WOLLINGER

Der Kolibri Plan

Wege aus der Angst,
Wege in die Gelassenheit - ein Wegbegleiter

Band 5 der Kolibri-Reihe

BoD VERLAG

MANFRED WOLLINGER

Der Kolibri-Plan

Medizin im Aufbruch / Konzept einer Bewusstseins-
und Schwingungsmedizin für die Zukunft

Band 6 der Kolibri-Reihe

BoD VERLAG

DER KOLIBRI-PLAN **BAND 1**

Einführung / Reise in eine Welt der Anerkennung und
Zuversicht / Wie funktioniert eigentlich Biologie?

DER KOLIBRI-PLAN **BAND 2**

Was brauchen die Menschen wirklich? /
Emotionale Balance: Ängste und Wege in die Gelassenheit /
Kommunikation - Gemeinsam Lernen und Lehren /
Das Bagua der TCM: Schatzkiste unserer Ressourcen

DER KOLIBRI-PLAN **BAND 3**

Werte, Gesundheit, Stress & Ernährung /
Entwicklung und die Jahreszeiten des Lebens

DER KOLIBRI-PLAN **BAND 4**

Integrale Medizin / Systematik Integrale Gesundheit / Anleitungen für eine natürliche Heilkunde / Modelle für eine Integrale Gesundheitspflege / Integrale Unternehmensgestaltung

DER KOLIBRI-PLAN **BAND 5**

Wege aus der Angst, Wege in die Gelassenheit
- ein Wegbegleiter (in Vorbereitung)

DER KOLIBRI-PLAN **BAND 6**

Medizin im Aufbruch
Konzept einer Bewusstseins- und Schwingungsmedizin für die Zukunft

Der Friedensfinder

GEBETE, MEDITATIONEN UND INSPIRIERENDES AUF DEM WEG ZUM INNEREN FRIEDEN

MANFRED WOLLINGER · CLARISSA VAN AMSELN

BoD VERLAG

Der Friedensspender

GEBETE UND TEXTE ZUR HEILUNG

MANFRED WOLLINGER

BoD VERLAG

DER FRIEDENSFINDER

Gebete, Meditationen und Inspirierendes
auf dem Weg zum inneren Frieden - BILDBAND -

„Der Friedensfinder" mit seinen reich illustrierten Gebeten, Aphorismen, Meditationsanleitungen und humorvollen Weisheitsgeschichten möchte eine Quelle der Inspiration sein für alle, die auf dem Weg zum inneren Frieden sind. Dieser Weg führt aus dem Entweder-Oder in ein Sowohl-als-auch, und vom Ich zum Du und ins Wir.

Egal aus welcher Kultur oder Religion wir kommen, ohne die Anbindung an Das Eine, an die Grundordnung der Schöpfung in reiner Friedfertigkeit, finden wir keinen Halt in der Welt.

So wie ein Prisma das weiße Licht in bunte Farben auffächert, schenken uns die Weisheiten aller spirituellen Traditionen vielfältige Schätze, uns an unseren wahren Ursprung zu erinnern und in den Tempel unseres eigenen Herzens einzutreten. Dein Glück beschenkt alle anderen.

Mögen alle Wesen Frieden finden!

DER FRIEDENSSPENDER

Gebete und Texte zur Heilung - BILDBAND -

Der Friedensspender folgt dem Friedensfinder.

Eine Sammlung hilfreicher Gebete, Texte und Meditationen für den Einsatz im Alltag, in jedem Beruf, an jedem Ort, in vielen Situationen, in denen Menschen Heilung wünschen und brauchen. Ein Praxisbuch für unseren Alltag, in Ergänzung des Friedensfinders. Gebete und Texte helfen auch jedem, für den sie gedacht und aus ganzem Herzen gewünscht und beschlossen sind.

Die Kraft zur eigenen Entscheidung für Heilung kommt stets aus der Hingabe an „himmlische" Kräfte. Die Taube als Zeichen von Frieden und Gesundheit kommt aus geistigen Welten, aus denen wir Menschen und alle Wesen kommen; sie zeigt uns einen Weg zurück in unsere ursprüngliche Heimat - mit allen positiven Konsequenzen für unser Hier und Jetzt. Sie kommt nicht nur zu uns, sie holt uns ab auf den Rückweg dorthin, wo wir wirklich zuhause sind.

Der Weg nachhause ist der Weg der Heilung.

MANFRED WOLLINGER

Die Reise des
Kranich

eine Erlebnisreise in die eigene Lebensvision

BoD
VERLAG

MANFRED WOLLINGER I KONRAD KLAR

Integrale
Unternehmens
Gestaltung

Für eine zukunftsfähige
Unternehmenskultur im Miteinander

BoD
VERLAG

DIE REISE DES KRANICH

Eine Erlebnisreise in die eigene Lebensvision

Enthält spezielle Meditationen, Kranich-Übungen aus dem Qigong,
mit Kranich-Mitteln der Homöopathie, Essenzen und besonderen Tee-
Zeremonien.
Eine Einführung in eine neue Systemische Aufstellungsarbeit, welche
die ersehnte Zukunft erleben lässt.

INTEGRALE UNTERNEHMENS-
GESTALTUNG

Eine umfassende, systematische und spannende Anleitung, um jedes gute
Projekt und ein Unternehmen in einen gesunden und nachhaltigen Erfolg
nach bio-logischen Kriterien zu führen.

Werden die Bedürfnisse der Erde und aller an einem Unternehmen Beteiligten angemessen gewürdigt und, eben nach bio-logischen Kriterien, in
eine universelle Erfolgsstrategie eingebunden, gelingt eine neue und zukunftsfähige Unternehmenskultur.

Mit Freude an vielen tatsächlichen Möglichkeiten jenseits gewohnter Pla-
nungen und mit Stolz auf das gemeinsam Geschaffene.

Für Notizen